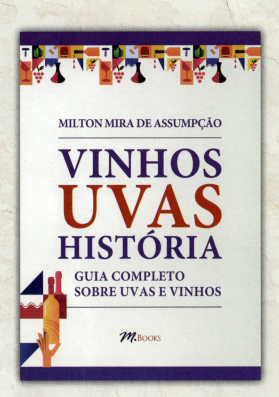

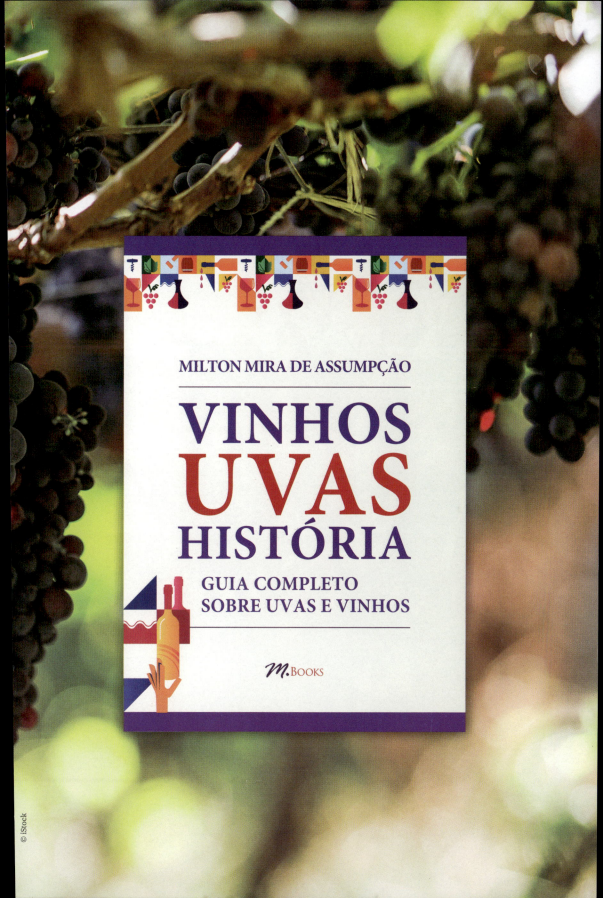

PREFÁCIO

Vigna Láctea

Tomando como referência o ano de 1961 e analisando os dados disponíveis até 2015 constatamos que nesse período a indústria do vinho multiplicou-se por dez. É verdade que ocorreram momentos de retração ou declínio mas, apesar dessas reduções, o total geral do crescimento foi de dez vezes.

E não foram os grandes produtores os responsáveis por esse salto. Novos produtores descobriram o mercado e não foi o aumento de determinados rótulos que causou essa revolução. O surgimento de novos rótulos pulverizou o mercado – e os tradicionais, mesmo mantendo os nichos habituais não aumentaram a tiragem de seus vinhos de primeira linha para não aviltar o preço.

O mundo do vinho virou uma poeira de estrelas que podemos chamar de **Vigna Láctea**. E os apreciadores estão cada vez mais ávidos de descobertas. Os "Robert Parker" também se multiplicaram. É aí que entra a necessidade de analistas e historiadores do vinho para permitir ao enófilo um conhecimento individual para referendar seus próprios julgamentos. É aí que reside a volumosa contribuição do Milton Assumpção. Ele não opina, informa. Milton dá referências do passado histórico para que você mesmo entenda o presente. Milton não é autor que usa livros já escritos como base de seu conteúdo. Não consulta o "Google". Vai pessoalmente a todas as regiões produtoras e ao falar sobre vinhos fala também sobre viagens. Já disse isso em um prefácio anterior no segundo livro do Milton. Mas volto a esse detalhe, que é um diferencial da sua obra. Ao penetrar no lado humano dos "terroirs" Milton Assumpção traz nos seus livros: vinho e vida. Parabéns, Milton.

José Bonifácio de Oliveira Sobrinho
(BONI)

SUMÁRIO

■ **APRESENTAÇÃO**	11
■ **A ORIGEM DAS UVAS**	17
Clos de Vougeout	20
■ ***TERROIRS***	22
NÃO BEBEMOS VINHO, BEBEMOS A UVA	34
AS RAZÕES DO MERCADO	35
CARACTERÍSTICA DAS UVAS	36
Acidez	37
Aromas	38
Açúcar ou Frutose	40
Polifenóis: Tanino e Resveratrol	40
Uvas de Mesa	43
Tempos de Amadurecimento	44
Formas e Sistemas de Plantio	46
■ **AS PRINCIPAIS UVAS**	51
Extinção e Ressurreição da Carménère	68
■ **AS PRINCIPAIS UVAS POR PAÍSES**	123

6

- **AGRICULTORES, VITICULTORES, ENGENHEIROS AGRÔNOMOS E ENÓLOGOS** 131
  - Agricultor–Viticultor 132
  - Engenheiro Agrônomo 133
  - Enólogos 134
  - As Funções Conjuntas dos Agrônomos e Enólogos 135
  - Enólogos Criativos 136
  - O Enólogo e a Empresa 141

- **A PRODUÇÃO DOS VINHOS** 143
  - **Tintos — Brancos — Doces** 144
    - Prensagem e Esmagamento 144
    - Peso do Mosto 145
  - **Primeira Fermentação – Alcoólica** 146
  - Leveduras Adicionais 146
  - Chaptalização 147
  - Vinhos Brancos 148
  - Vinho Laranja 148
  - Vinhos Doces, de Sobremesa, Vinho do Porto 148
  - **Segunda Fermentação – Malolática – Vinhos Tintos** 148
  - Prensagem e Separação 149
  - Estágios em Barricas de Carvalho 150
  - Polifenóis: Tanino e Resveratrol 151
  - Acidez — Longevidade — Vinhos de Guarda 153

SUMÁRIO

Engarrafamento, Venda e Distribuição 155
Vinificação de Champagnes e Espumantes 156
    Metodo Champenoise, Tradicional ou Clássico 156
    Metodo Martinotti/Charmat 157
Vendas e Exportações 158

■ **ENOTURISMO** 161

■ **OS TIPOS DE VINHOS** 177
Por Estilo 178
Por Sensação na Boca 179
Por Sustentabilidade 180
Por Corpo 182
Champagnes e Espumantes 183

■ **COMO ESCOLHER O VINHO PARA BEBER** 185
Onde Comprar e Cuidados a Tomar 186
Escolhendo um Vinho 188
O Case Merlot 191

■ **COMO DEGUSTAR** 195
    Garrafas 196
    Abrindo a Garrafa 197
    Retirando a Rolha 198
    Colocando para Decantar 199
    Os Copos 200
    Servindo o Vinho 201
    Apreciando as Cores, os Aromas e Sabores 202
    Lágrimas 203
    Harmonizações 204
    Dicas & Truques 206

APRESENTAÇÃO

Vinho é uma cultura milenar que desperta paixões.

É sempre muito prazeroso descobrir e aprender sobre vinhos. Não é necessário ter os conhecimentos profundos e técnicos dos agrônomos, enólogos e sommeliers. Mas eu recomendo, sim, que os interessados no tema busquem ampliar seus conhecimentos. Afinal, vinho é um tema inesgotável, apaixonante, vivo e cheio de histórias.

Em meus livros **Viagens Vinhos História, Vol. I e Vol. II**, relatei visitas que fiz a cerca de 250 vinícolas em 10 países. Apresentei também, em detalhes, as características dos *terroirs*, as principais vinícolas, uvas, vinhos, histórias, programações e roteiros de viagem de cada região.

Mesmo para o leitor que não tenha viajado para essas regiões, os livros têm sido uma fonte de conhecimentos, e muitos têm, através das minhas narrativas, viajado comigo, em minhas viagens.

Em minhas visitas, além de degustar vinhos, dá-me muito prazer caminhar por entre os vinhedos e conversar com o agricultor, o viticultor ou o engenheiro agrônomo. São eles que põem as mãos na terra, cuidam das plantas e das uvas. É importante, também, conversar com os enólogos para aprender como eles escolhem as uvas e produzem os vinhos.

Durante todos estes anos, fui absorvendo conhecimentos de todo o processo de produção. Descobri, então, que era muito mais prazeroso poder conversar sobre uvas, vinhos e *terroirs*, com mais segurança.

Com os conhecimentos que adquiri durante todos estes anos, decidi escrever um terceiro livro sobre o tema, apresentando os conceitos básicos da cultura e da produção dos vinhos e, assim, dividir com todos os leitores os conhecimentos que absorvi.

Como o livro está organizado

Este livro está dividido em três partes, que podem ser lidas em sequência ou, se você preferir, independentemente.

PRIMEIRA PARTE
> A origem das uvas
> As principais uvas
> As principais uvas por países

SEGUNDA PARTE
> Agricultores, viticultores, engenheiros agrônomos e enólogos
> A produção dos vinhos
> Enoturismo

TERCEIRA PARTE
> Os tipos de vinhos
> Como escolher o vinho para beber
> Como degustar um vinho

PRIMEIRA PARTE

  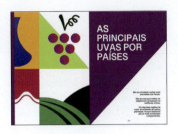

➤ A ORIGEM DAS UVAS

Aqui, conto um pouco da história das uvas ao longo do tempo e incluo algumas histórias que vivenciei nas visitas às vinícolas. Falo das castas e das características das uvas, dos diferentes tamanhos dos bagos, das cores, das folhas, dos aromas, dos açúcares e dos polifenóis. Abordo os ciclos das uvas, desde a formação dos cachos até o amadurecimento.

Os ciclos variam de acordo com as castas: algumas uvas amadurecem primeiro e outras são mais tardias. O tempo de amadurecimento influencia a qualidade dos vinhos.

Outros fatores importantes que incluí neste capítulo são as classificações dos *terroirs* e as formas de plantio.

➤ AS PRINCIPAIS UVAS

Todas as uvas que conhecemos hoje são cruzamentos de outras uvas que ocorreram através dos tempos. Muitas já possuem estudos do seu DNA, que identificam as uvas de origem. Em outras, por suas características, há quase uma certeza de seus cruzamentos.

Neste capítulo, descrevo cerca de 180 uvas conhecidas em todo o mundo. Suas origens, nomes, características de tamanho, cor, acidez, aromas, taninos e os vinhos que produzem.

Incluí muitas histórias e lendas.

➤ AS PRINCIPAIS UVAS POR PAÍSES

A diversidade de *terroirs* nas regiões vinícolas, faz com que haja uma variedade muito grande de uvas plantadas em todo o mundo.

Neste capítulo, relaciono as principais uvas tintas e brancas plantadas nos países.

SEGUNDA PARTE

  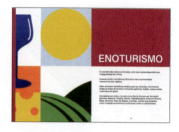

➲ AGRICUTORES, VITICULTORES, ENGENHEIROS AGRÔNOMOS E ENÓLOGOS

Sempre digo que essas pessoas são responsáveis pela produção dos vinhos antes de irem para dentro da garrafa. Os agricultores, viticultores e engenheiros agrônomos cuidam dos vinhedos e das uvas até suas colheitas.
Os enólogos, depois que as uvas são colhidas, cuidam de todo o processo para a produção dos vinhos. Neste capítulo, detalho as funções e as contribuições de cada um.

➲ A PRODUÇÃO DOS VINHOS

Com uma linguagem simples, descrevo todo o processo de produção, desde a separação das uvas até a fermentação e o estágio em barricas de carvalho. Explico também a atuação dos polifenóis, tanino e resveratrol na nossa saúde.
O que são as fermentações? Por que estagiar em barricas de carvalho?
Falo sobre os aromas, a importância fundamental do açúcar, da acidez e dos taninos na longevidade dos vinhos.
Apresento as classificações dos vinhos pela qualidade: Varietal, Reserva, Reserva Especial. E o que são vinhos de guarda?

➲ ENOTURISMO

Enoturismo é hoje uma grande fonte de renda para as vinícolas, e a cada ano cresce o número de turistas. Nos últimos anos fiz enoturismo em cerca de 250 vinícolas em 10 países. Degustei vinhos apresentados por cerca de 250 diferentes sommeliers. Na maioria delas, os *tours* e as degustações eram muito iguais, mas há várias que se destacaram.
Neste capítulo descrevo em detalhes a dinâmica e as opções de diversos *tours*, e como escolher um *tour* para contratar. Descrevo também alguns *tours* especiais que encontrei em minhas visitas.

TERCEIRA PARTE

➡ OS TIPOS DE VINHOS
Tanto na produção quanto na degustação dos vinhos, há linguagens que utilizamos para classificá-los. Neste capítulo, apresento as classificações dos vinhos de acordo com os processos de plantio e cuidados com as uvas e de acordo com as sensações que causam na boca ao serem degustados.

➡ COMO ESCOLHER O VINHO PARA BEBER
Apresento aqui dicas bem simples de onde comprar e como escolher o vinho pela casta, origem, classificação de qualidade e pelo preço.

➡ COMO DEGUSTAR UM VINHO
O vinho faz parte da história da humanidade. É uma bebida muito especial, nobre, carregada de sensações e emoções. Degustar um vinho é sempre um momento especial. Assim, a degustação deve seguir um rito especial e formal. Neste capítulo, descrevo, passo a passo, todo o ritual de uma boa degustação.

A QUEM ESTE LIVRO SE DESTINA
O livro contém narrativas e histórias de uvas e vinhos, que pode ser de interesse de todos. Por sua simplicidade, mesmo na abordagem das técnicas de produção dos vinhos, este livro se dirige a apreciadores da bebida, tanto principiantes como experientes.

PALAVRA FINAL
Em todo o livro, procurei usar uma linguagem bem simples, objetiva e fácil de compreender. O objetivo desta obra é juntar, em um só texto, conteúdo e informações que agreguem conhecimentos — e torne muito mais prazeroso vivenciar o fantástico mundo dos vinhos.

A ORIGEM DAS UVAS

Qual a natureza das plantas, das flores e das frutas?

É a preservação da espécie. Seguindo as leis da natureza, elas procurarão sempre gerar bons frutos e boas sementes para dar continuidade às suas espécies.

Há árvores que, quando seus frutos amadurecem ou produzem sementes, buscam maneiras de as espalharem para o mais longe possível.

A ORIGEM DAS UVAS

Na minha infância em **Viradouro**, uma cidadezinha no interior do estado de São Paulo, havia (e espero que ainda haja) no jardim da igreja matriz, em frente à casa onde eu morava, uma árvore que diziam ser seringueira. Quando seus frutos secavam, explodiam com um grande estalo e lançavam sementes para muito longe. Era sua tentativa para que, de alguma das sementes espalhadas ao redor, brotasse uma nova árvore.

Com o *flamboyant* acontece o mesmo. Quando suas vagens secam, elas estalam e as sementes são atiradas para mais distante.

Há plantas que soltam sementes ao vento. Algumas flutuam levadas pela brisa, outras giram como micro-helicópteros.

As árvores frutíferas têm sempre a esperança de que um passarinho carregue suas sementes para um lugar onde possam dar frutos novamente.

Há quem diga que as flores se põem bonitas para atrair os insetos que irão carregar seu néctar.

E se as plantas estiverem em um solo fértil, com condições adequadas de temperatura, sol e umidade, é maior a possibilidade de produzirem sementes melhores.

As uvas são plantas frutíferas muito sensíveis que, se cultivadas em condições adequadas da natureza, produzirão melhores frutos e melhores sementes. Melhores frutos podem significar melhores vinhos.

As uvas e os vinhos fazem parte da história da humanidade há milhares de anos.

O REGISTRO MAIS ANTIGO É DE UMA ÂNFORA DE 8.000 ANOS, COM RESQUÍCIOS DE VINHO, ENCONTRADA NA REGIÃO DE KAKHETI, NA GEÓRGIA, EUROPA ORIENTAL.

Uma única uva

Acredita-se que, no início de tudo, havia somente um tipo de uva. Com o tempo, plantada em lugares diferentes, ela foi sofrendo mutações e acabou gerando um número grande de castas.

Não se sabe o número exato de castas de uvas existentes no mundo, mesmo porque muitas delas são chamadas por diferentes nomes. Mas se acredita que sejam mais de 15.000 castas.

Os antigos romanos, quando dominaram grande parte da Europa, nos séculos I, II e III, levaram consigo diferentes castas de uva e conhecimentos, disseminando as técnicas e a cultura do vinho nas mais diferentes regiões.

Entre os conhecimentos difundidos pelos romanos havia o conceito de que certas castas de uvas davam melhores frutos e melhores vinhos, se plantadas em determinadas regiões.

Os romanos eram os maiores e mais importantes comerciantes de vinhos em sua época.

Aonde chegavam, tratavam logo de introduzir sua cultura e implantar a produção de vinhos.

Ânforas da região de Kakheti, Geórgia

A ORIGEM DAS UVAS

Clos de Vougeot

No século XIV, o Duque da Borgonha doou aos monges da Ordem de Císter terras para que plantassem videiras. No início, os monges plantaram várias castas e, à medida que iam colhendo, produziam os vinhos. Após alguns anos, perceberam que os melhores vinhos eram obtidos com a uva Pinot Noir. Decidiram, então, plantar somente videiras de Pinot Noir.

Como os vinhos provenientes de alguns vinhedos específicos eram melhores do que outros, os monges decidiram classificá-los de acordo com a localização das vinhas. Assim, os vinhos provenientes de vinhedos nas áreas mais planas, no entorno das vilas, foram classificados como **Village**.

Os vinhos de vinhedos situados em uma área um pouco mais acima, com leves inclinações de terrenos e boa exposição ao sol foram classificados de **Premier Crus**.

E os vinhos de vinhedos localizados

em uma inclinação maior, mais acima, já na encosta dos morros e com o sol batendo direto, o dia inteiro, foram chamados de **Grand Crus**.

Com o passar do tempo, os monges perceberam que a chuva arrastava morro abaixo muito da terra fértil. Resolveram, então, fazer muretas para proteção, chamadas de **Clos**.

Clos acabou se tornando uma classificação de vinhos. Hoje, essas muretas servem também para demarcar as propriedades.

Nessa região da Borgonha está a vila de Vosne-Romanée onde há um dos considerados melhores *terroirs* do mundo. São somente 32 hectares de vinhedos. Ali estão os vinhedos dos seis vinhos classificados de *Romanées*, **Saint Vivant, Le Grand Rue, La Tache, Le Romanée, Le Richebourg** e o mais famoso, o mítico **Romanée Conti**.

É um dos maiores exemplos do conceito de *terroir* que conheço.

A ORIGEM DAS UVAS

Terroirs

São as condições da natureza de um determinado lugar.

Mar de Pedras, Châteauneuf-du-Pape, França

Terroir é o conjunto que envolve a qualidade e a característica do solo, o clima, a umidade, o sol, a chuva, o frio, o calor, os ventos e, principalmente, a amplitude térmica.

Amplitude térmica
É a variação das temperaturas mínima e máxima ao longo de um dia.
Para a uva e o vinho, o ideal é que os dias sejam quentes e ensolarados e a noites sejam frias. Isso porque o sol, com seu calor, sobre os vinhedos e as uvas, potencializa o açúcar da fruta.
No processo de produção do vinho, na fermentação, o açúcar, também chamado de frutose, vai se transformar em álcool.
O frio da noite sobre as uvas potencializa os polifenóis, os taninos, os antioxidantes.
A sensibilidade das uvas faz com

que cada casta de uva se adapte melhor a determinados *terroirs*, produzindo melhores frutos e, consequentemente, melhores vinhos.

O desafio dos viticultores e dos enólogos é saber quais uvas se adaptam melhor aos *terroirs* das suas vinícolas.

Há, no entanto, várias castas que se adaptam muito bem a um mesmo *terroir*.

Mas há *terroirs* em que determinada uva atinge toda sua exuberância e produz vinhos excepcionais.

Nessas regiões, diz-se que os *terroirs* são **determinantes** para recomendar qual ou quais uvas deverão ser cultivadas.

Há também muitas regiões em que várias uvas são plantadas, produzem bons vinhos, mas nenhuma se destaca extraordinariamente. Ou seja, os *terroirs* **não são determinantes** para recomendar uma uva específica.

A ORIGEM DAS UVAS

Terroirs determinantes

■ Châteauneuf-du-Pape

Fica na Provence (em meu livro, *Viagens Vinhos História Vol. I*, há um texto completo sobre essa região na França).

Há cerca de 50 milhões de anos, a foz do rio Rhône (ou Ródano, em português) era em *Châteauneuf-du-Pape*. Quando ocorreu o choque das placas tectônicas, o mar recuou até onde é hoje o Mediterrâneo, e o Rhône foi "obrigado" a seguir seu curso até lá.

Permaneceu no entorno de *Châteauneuf-du-Pape* uma quantidade incalculável de pedregulhos e pedras que o Rhône havia depositado até então.

Para mim, é um dos mais impressionantes exemplos de variedades de *terroirs* em uma mesma região.

Há um lugar conhecido como *Mer de Pierres* (ou Stone Sea, Mar de Pedras), onde há camadas de pedregulhos e pedras de mais de 6 metros de profundidade. Ali são plantadas videiras com uma técnica singular.

Os produtores abrem um buraco, afastando os pedregulhos, colocam uma grande camada de terra e plantam a cepa. Com o tempo, a raiz, em busca de nutrientes, desce em média 10 metros de profundidade a cada 10 anos.

As raízes das videiras mais antigas chegam a 70 metros de profundidade.

Em *Châteauneuf-du-Pape*, há vinhedos sobre camadas só de pedregulhos, camadas só de pedras, combinações de pedregulho com argila, pedra com argila e, no mesmo espaço, pedregulho, pedra e argila.

E tudo isso, muitas vezes, no espaço de 100 metros de distância um do outro.

As duas uvas que melhor se adaptaram

aos *terroirs* são a Grenache e a Syrah.

Grenache é a mesma uva Garnacha de Rioja, na Espanha. Em *Châteauneuf-du-Pape*, ela atingiu toda sua exuberância.

Assim, a maioria dos vinhos é principalmente monocasta da Grenache, ou *blend* com a Syrah, sendo a Grenache dominante.

Os *terroirs* são tão determinantes que produzem *blends* utilizando uvas dos diferentes solos.

Uma característica importante do *terroir* da região é o vento Mistral, que sopra pelo vale do rio Rhône, vindo dos Alpes, ajudando a eliminar o excesso de umidade e a afastar insetos e pragas.

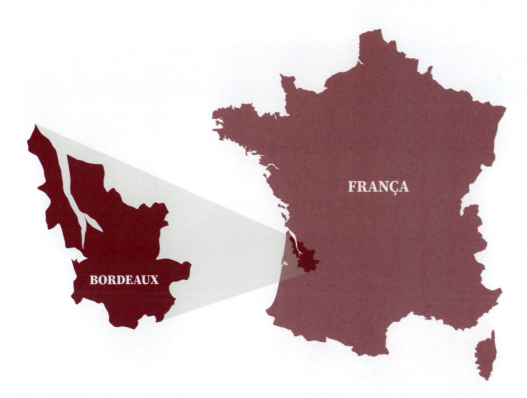

■ **Bordeaux**
Fica no sudoeste da França, onde reinam as uvas Cabernet Sauvignon, Merlot e Cabernet Franc (também está incluído em meu livro *Viagens Vinhos História, Vol. I*).

Em Bordeaux, há duas regiões com *terroirs* distintos. A oeste, próxima do mar, no estuário de Gironde, formado pelo encontro dos rios Dordogne e Garonne, está a região do Médoc.

O solo é de argila, pedra, areia e sedimentos marinhos, com uma brisa constante do mar.

Ali estão alguns dos melhores vinhos do mundo, como Baron Philippe de Rothschild, Mouton Rothschild, Château Margaux e Château Rigaud.

O *terroir* é determinante, predominando as uvas Cabernet Sauvignon, Merlot e Cabernet Franc, com um leve domínio de Cabernet Sauvignon.

Do lado leste de Bordeaux, banhadas pelo rio Dordogne, estão as regiões de Saint-Émilion e Pomerol.

O solo é de argila e pedra, e lá não chega a brisa do mar.

O *terroir* também é determinante. As principais uvas são Merlot, Cabernet Sauvignon e Cabernet Franc, com um leve domínio de Merlot.

O vinho Petrus de Pomerol, que está entre os melhores e mais caros do mundo, é produzido com 95% de uva Merlot e 5% de Cabernet Franc. Médoc, Saint-Émilion e Pomerol são exemplos de *terroirs* dominantes em uma mesma região.

A ORIGEM DAS UVAS

■ **Vale de Napa e Vale do Sonoma**

Esses vales estão situados na Califórnia, nos Estados Unidos.

Napa e Sonoma ficam relativamente próximos do Oceano Pacífico, em vales rodeados de pequenas montanhas.

Ali também foi mar há milhões de anos, e as montanhas, muitas delas, são vulcões extintos.

É o único lugar que conheço onde o solo é composto de argila, pedra, pedregulho, areia, sedimentos marinhos e sedimentos vulcânicos.

Essa combinação de nutrientes agrega aromas e sabores muito especiais aos vinhos.

Os Cabernet Sauvignon e Zinfandel que provei ali eram excepcionais.

Não me surpreende que, em provas às cegas na Europa, ganhem muitos prêmios.

VISITEI VÁRIOS OUTROS LUGARES COM *TERROIRS* QUE CLASSIFICO COMO **DETERMINANTES**.

■ Em **CHAMPAGNE**, na França, na região de **Épernay** e **Reims**, onde estão os grandes produtores Moët & Chandon, Mercier e Taittinger, as uvas dominantes são Chardonnay, Pinot Blanc e Meunier.
Na região sul, em **Troyes** e **Bar-sur-Seine**, as uvas dominantes para produção do champanhe são Pinot Noir, Chardonnay e Pinot Blanc.
   A Pinot Noir dessa região é um clone diferente da Pinot Noir da Borgonha.

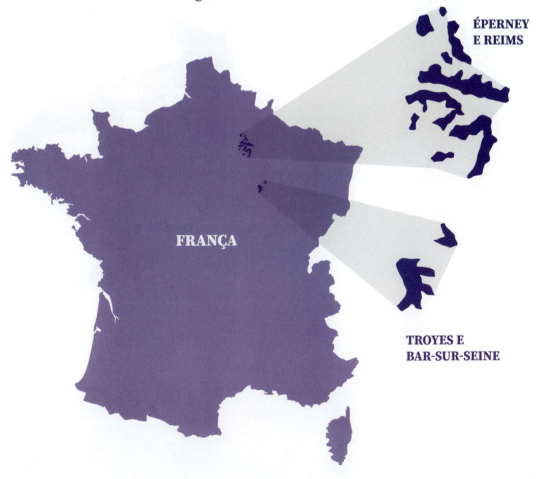

A ORIGEM DAS UVAS

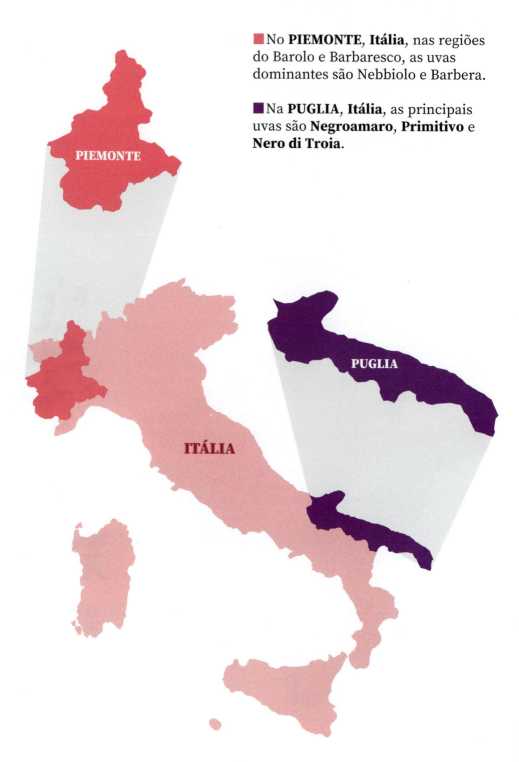

■ No **PIEMONTE**, **Itália**, nas regiões do Barolo e Barbaresco, as uvas dominantes são Nebbiolo e Barbera.

■ Na **PUGLIA**, **Itália**, as principais uvas são **Negroamaro**, **Primitivo** e **Nero di Troia**.

■ Em **RIOJA**, na **Espanha**, são as uvas **Tempranillo**, **Garnacha** e **Graziano**.
   Na maioria das regiões vinícolas da Europa, as associações de DOC (Denominação de Origem Controlada) e DOCG (Denominação de Origem Controlada e Garantida) estabelecem e controlam as uvas que obrigatoriamente deverão ser utilizadas nas produções dos vinhos.
   Em muitas dessas regiões, por razões de mercado, os produtores têm plantado também Cabernet Sauvignon, Merlot e Syrah.

A ORIGEM DAS UVAS

Terroirs não determinantes

São regiões e *terroirs* onde nenhuma uva se destacou extraordinariamente e que são propícios a várias castas. Produzem bons frutos e bons vinhos.

Em **PORTUGAL**, há um misto de tradição e cultura. Historicamente, os vinhos portugueses são produzidos em *blends*, com várias castas. Até há muito pouco tempo, não se colocava o nome das uvas nos rótulos das garrafas.

No passado, os portugueses plantavam, no mesmo vinhedo, uvas de várias castas e produziam seus vinhos sem se preocupar com a identificação de todas elas.

A Quinta do Crasto possui um vinhedo com cepas de mais de 80 anos, na encosta do rio Douro. Ali, fizeram recentemente um levantamento das castas existentes e chegaram à conclusão de que há mais de 100 uvas diferentes plantadas.

O vinho desse vinhedo é excepcional. São tantas as castas no *blend*, que preferem chamar o vinho de Vinhas Velhas.

O Vinho do Porto deve, obrigatoriamente, ser produzido com um mínimo de 15 castas.

Em alguns casos, quando utilizam uvas dos vinhedos mais antigos, chegam a ter cerca de 150 castas diferentes.

OS *TERROIRS* DAS REGIÕES VINÍCOLAS DE PORTUGAL, **ALENTEJO, BAIRRADA, DÃO E DOURO,** SÃO MUITO DIFERENTES E **NÃO DETERMINANTES**.

■ O **Alentejo** é uma região plana, com solos de argila e pedra, e que é muito quente e com pouca umidade. No verão, nos meses de julho e agosto, a temperatura chega a 34 graus.

■ A **Bairrada** é uma região plana, com solos de argila, pedra e, em alguns lugares, com um pouco de areia. O clima é mais ameno. Dependendo do lugar, há uma leve brisa do oceano.

■ A região do **Dão** é um pouco mais montanhosa, com alguns vales, mais úmida e fria.

■ O **Douro** é bem especial, principalmente pelo xisto, logo abaixo do solo de argila e pedra.

É surpreendente como as raízes das cepas descem serpenteando o xisto em busca de nutrientes a dezenas de metros de profundidade.

É uma região com grande amplitude térmica. Com a umidade do rio, as estações do ano são bem marcantes.

Mesmo com todas essas diferenças nos *terroirs*, em Portugal, não há uma uva que se destaque extraordinariamente.

Consta que há mais de 300 castas em Portugal. Na verdade, muitas vezes, são as mesmas uvas chamadas por nomes diferentes

Em Portugal e em vários outros países, as uvas, muitas vezes, acabam levando os nomes de pessoas que as cultivam ou de regiões específicas.

O vinho em Portugal é escolhido pela origem (Alentejo, Bairrada, Dão, Douro), pela vinícola e, claro, pelo preço.

Mesmo hoje, os portugueses não se preocupam em saber quais são as uvas dos vinhos que bebem.

UVA MARIA GOMES

Há alguns anos, participei de um almoço na Adega Luís Pato, na Bairrada, e entre os vinhos que degustamos estava um branco, produzido com a uva Maria Gomes.

Luís Pato me explicou a possível origem do nome da uva: havia uma mulher, de nome Maria Gomes, que possuía um vinhedo e produzia seus vinhos na região.

Os vizinhos a procuravam para comprar mudas das uvas.

Quando perguntavam de onde vinham as mudas, respondiam que era da Dona Maria Gomes.

Com o tempo, passaram a se referir à uva como Maria Gomes.

Acredita-se que a uva que ela plantava era a Fernão Pires.

A ORIGEM DAS UVAS

Argentina – Brasil – Chile – Uruguai

Nos quatro países da América do Sul, os terroirs não são determinantes. Em alguns deles, há uvas que se destacam, mas por razões culturais, históricas, políticas e, principalmente, de mercado.

Argentina

Mendoza e o Vale de Uco possuem *terroirs* relativamente semelhantes, embora Uco esteja mais ao sul e em maior altitude.

Ambos possuem solos de argila e pedra, frio, calor, pouca umidade e dependem de irrigação artificial.

A uva Malbec, a mais importante na região, foi introduzida por motivos quase políticos. Em meu primeiro livro, *Viagens Vinhos História, Vol. I*, explico como o francês Michel Aimé Pouget introduziu o cultivo da uva Malbec na região de Mendoza.

A casta branca Torrontés, a mais importante da região, é uma uva Criolla que se desenvolveu naturalmente.

Hoje, além de Malbec e Cabernet Franc, os produtores estão plantando várias outras castas.

Recentemente, degustei um Pinot Noir muito bom.

Brasil

O Vale dos Vinhedos, Bento Gonçalves e Garibaldi possuem *terroirs* semelhantes.

Pinto Bandeira está em uma região um pouco mais alta.

A Campanha Gaúcha, na divisa com o Uruguai, possui clima dos Pampas.

Vacaria e São Joaquim, acima de 1.000 metros, apresentam climas de altitude.

Apesar das diferenças de *terroirs*, não há uma uva que se destaque extraordinariamente.

Consta que a Merlot é a uva oficial da DOC (Denominação de Origem Controlada) do Vale dos Vinhedos.

No sul de Santa Catarina, foi criada recentemente uma DO (Denominação de Origem) englobando cerca de 30 cidades, sendo as mais importantes Urussanga e Rio das Pedras. Por razões culturais e de tradição, a uva dominante é a Goethe.

Chile

Há quatro importantes regiões: Vale do Rio Maipo, Vale do Rio Aconcágua, Casablanca, todas no entorno de Santiago, e Santa Cruz, mais ao sul.

Maipo e Aconcágua têm *terroirs* muito semelhantes. Casablanca, além do solo mais arenoso, é agraciada pela umidade e brisa do mar.

Santa Cruz, mais ao sul, apresenta maior amplitude térmica, e algumas vinícolas a oeste recebem uma leve brisa do mar.

Embora estejam em diferentes regiões, as principais uvas são Cabernet Sauvignon, Carménère, Merlot e Chardonnay. E a decisão de plantar essas uvas foi mais histórica do que determinada pelos *terroirs*.

Novamente, em meu livro *Viagens Vinhos História, Vol. I,* eu conto como os novos-ricos e aristocratas formados depois da Independência do Chile

trouxeram da França as primeiras mudas de uvas.

Atualmente, por razões de mercado, estão também produzindo vinhos com várias outras castas, principalmente Syrah e Pinot Noir.

■ Uruguai

A maioria das vinícolas se situa no entorno de Montevidéu, algumas próximas de Punta del Este, outras ao norte na região da cidade de Salto, e algumas no entorno da cidade de Colônia.

Todas têm os *terroirs* muito semelhantes.

Por razões históricas, a principal uva é a Tannat, mas, como seus outros vizinhos, os uruguaios estão diversificando e produzindo vinhos com várias outras castas.

A ORIGEM DAS UVAS

Não bebemos vinho, bebemos a uva

Enoturismo, Viña Santa Rita, Santiago, Chile

Na América do Sul, escolhemos o vinho que vamos beber pela uva.

Temos por hábito dizer: "Hoje vou beber um Cabernet Sauvignon" (ou um Merlot, ou um Carménère). O nome da uva no masculino substitui a palavra "vinho".

Há um senso comum de que os melhores Cabernet Sauvignon, Merlot e Carménère são produzidos no Chile. Assim como os melhores Malbec na Argentina e os melhores Tannat no Uruguai.

No Brasil, temos produzido bons vinhos tintos com várias castas. Merlot é a uva oficial da DOC (Denominação de Origem Controlada) do Vale dos Vinhedos.

Nestes últimos cinco anos, os vinhos tintos brasileiros tiveram reconhecimento de sua ótima qualidade.

Durante a pandemia da covid-19, com o isolamento social, houve um crescimento substancial na venda e no consumo de vinhos tintos brasileiros.

Os espumantes brasileiros são considerados também de muito boa qualidade pelos consumidores.

As razões do mercado

Os consumidores de vinhos que, até há algum tempo, só conheciam as uvas Cabernet Sauvignon, Merlot, Carménère e Malbec foram descobrindo, aos poucos, outras uvas e tomando gosto por elas.

Muitos começaram a visitar vinícolas em outros países, como França, Portugal, Itália, Espanha, África do Sul e a região do Napa, para conhecer e degustar outras uvas, outros vinhos.

Os produtores de vinhos sul-americanos tiveram então que, estrategicamente, investir em novas castas e novos vinhos.

Conversando com um amigo produtor no Vale dos Vinhedos, ele me explicou que, cada vez mais, aparecem brasileiros para fazer a degustação e querendo provar outras uvas. Os distribuidores e revendedores também cobram uma variedade maior nos catálogos. Para atender à demanda dos clientes, os produtores acabam plantando várias castas e produzindo novos vinhos.

E os viticultores e enólogos brasileiros são criativos. Eles adoram experimentar novas castas e estão conseguindo produzir vinhos muito bons.

Loja de vinhos

A ORIGEM DAS UVAS

Características das uvas

As uvas são conhecidas mundialmente por duas classificações ou tipo: vitis viníferas e vitis labruscas (americanas).

Uva Nebbiolo, Barolo, Itália

Vitis viníferas

É originária em biodiversidade dos continentes asiático, europeu e africano. O registro mais antigo é de uma ânfora de 8.000 anos encontrada com resquícios de vinho na região de Kakheti, na Geórgia.

Há registros também do cultivo de uvas e produção de vinhos na região dos Bálcãs, há 3.000-3.500 a.C.

Vitis viníferas é a espécie das uvas dos vinhos tintos, brancos, rosés, espumantes e doces que bebemos hoje, como Cabernet Sauvignon, Merlot, Chardonnay, Cabernet Franc, Pinot Noir, Syrah, Mourvèdre, Sémillon, Tannat, Malbec e cerca de 15.000 outras.

Vitis labruscas (americana)

É originária em biodiversidade da América do Norte. Já era cultivada quando os europeus chegaram ao continente.

No século XIX, algumas mudas foram levadas para a Europa, e pode ter sido através delas que a praga da filoxera chegou e devastou 75% dos vinhedos.

As uvas desta espécie são hoje mais direcionadas para a produção de sucos, uvas de mesa e uvas-passas.

Concord, Isabel e Niágara são bem cultivadas no Brasil.

Isabel foi a primeira uva plantada no Vale dos Vinhedos.

Vitis viníferas — Casca mais grossa — Bagos menores

Vitis labruscas — Bagos maiores — Casca mais fina

Fotos: iStock

Acidez

É uma característica presente em várias frutas e uma das mais importantes para a produção do vinho. A acidez está diretamente ligada à adstringência e à longevidade do vinho.

No texto sobre as fermentações, explicarei as razões.

A ORIGEM DAS UVAS

Aromas

Muito citados pelo sommeliers nas degustações, variam de acordo com as castas das uvas, dos *terroirs* onde foram plantadas, liberados nas fermentações e do tempo de estágio em garrafas ou nos barris de carvalho. Dependem se os barris são de carvalhos franceses, americanos ou húngaros, e se são de primeiro, segundo ou terceiro uso. São tantas as variações que dão origem a diversos aromas.

AROMAS PRIMÁRIOS
são provenientes das próprias uvas, e variam de acordo com as diversas castas. Os principais aromas primários são: frutas frescas, vermelhas, maçã, amora, limão, ameixa, flores, rosa, jasmim, grama, ervas frescas, pimentão verde, terra e pedras.

AROMAS SECUNDÁRIOS
se desenvolvem durante os estágios das fermentações alcoólica e malolática. Os principais aromas secundários são: cravo, coco, café, fumo, baunilha (chocolate) e manteiga.

AROMAS TERCIÁRIOS
suas origens são a partir de estágios mais longos em barricas de carvalho ou em vinhos longevos e de guarda. Estes aromas aparecem e são sentidos, principalmente, quando os vinhos são abertos e colocados para arear, oxigenar, abrir. Os principais aromas terciários são: carne, couro, tabaco, madeira, canela, baunilha (chocolate), frutas secas, amêndoas, mel, geleias e caramelo.

Nas degustações, fico sempre impressionado com a sensibilidade e a variedade de aromas que os sommeliers conseguem identificar. Eu não tenho um bom nariz e não consigo senti-los todos.

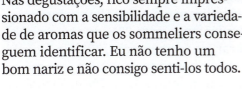

Meu consolo foi saber que o dono da Romanée-Conti, da Borgonha, um dos vinhos mais caros do mundo, ao ser questionado um dia, disse: "Não se preocupe. Eu também não sinto todos os aromas que dizem que o meu vinho possui". Você também só vai sentir essas lembranças dos aromas se os aromas estiverem registrados em seu subconsciente.

> Quando o sommelier diz que o aroma é de frutas vermelhas, você vai lá no seu subconsciente e "puxa" esse aroma para a memória. Aí, você balança a cabeça concordando com ele.
> É muito comum, em uma degustação em grupo, o sommelier perguntar se alguém está sentindo algum aroma. A maioria fica quieta. Então, ele diz: "frutas vermelhas!".
> As pessoas puxam o aroma do subconsciente e aí balançam a cabeça, sorrindo e concordando.

Na degustação, me incomoda quando dizem que o vinho tem aroma de chocolate. Na verdade, devia ser aroma de baunilha, já que chocolate é feito com leite. Mas acredito que seja uma maneira para as pessoas identificarem o aroma.
Na **Bodega Conde de Valdemar** em Rioja, na Espanha, há um *tour* muito interessante para pessoas com

A ORIGEM DAS UVAS

deficiência visual. Durante o passeio eles vão identificando os aromas dos ambientes, tocam nos barris de carvalho e em garrafas. No fim, há uma prova de aromas.

São vários copos com substâncias que lembram os diversos aromas encontrados nos vinhos. Eles conseguem identificar os aromas que conhecem e os que estão no subconsciente.

Eu fiz a prova com minha esposa, Ruth. Eram 18 copos. Ela acertou 15 aromas e eu acertei só um, de baunilha.

Açúcar ou frutose

É fundamental para a produção do vinho. No processo de fermentação, o açúcar é transformado em álcool.

O açúcar das frutas é gerado pela incidência do sol sobre as uvas e sobre as folhas. É por isso que a amplitude térmica do *terroir* é fundamental.

Noites frias potencializam os taninos e dias ensolarados e quentes potencializam o açúcar. Uma referência técnica: uvas com 28% de açúcar irão gerar, na fermentação, 12% de álcool.

Os vinhos tintos possuem, em média, um mínimo de 13,5% de álcool.

Polifenóis: taninos e resveratrol

São substâncias benéficas para nossa saúde, encontradas nas frutas, principalmente nas uvas tintas, e que são incorporadas na produção dos vinhos.

Há um detalhamento maior sobre as propriedades dos polifenóis na segunda parte deste livro, onde explico a produção dos vinhos.

Há várias uvas tintureiras, como Alicante Bouschet, Graziano e Teinturier, que são utilizadas em *blends* com o objetivo de acentuar o tom de vermelho no vinho.

A uva Ancellotta é utilizada na Itália para colorir produtos alimentícios manufaturados.

As uvas Pinot Gris e Pinot Grigio são as mais utilizadas para o **Vinho Laranja**.

Já as uvas Trebbiano, Ugni Blanc e Garganega são as preferidas para os **Vinagres Balsâmicos**.

AS UVAS, COMO A MAIORIA DAS FRUTAS COM GRANDE VARIEDADE, POSSUEM CARACTERÍSTICAS PRÓPRIAS.

© Adobe Stock

FOLHAS
Cada uva tem folhas com um desenho e um formato específico. É uma das principais maneiras de os viticultores, agrônomos e enólogos identificarem as diferentes castas.

FORMATO E TAMANHO DAS UVAS
O formato de todas as uvas é bem parecido. Já o tamanho varia de acordo com cada casta. A Nebbiolo, por exemplo, possui grãos grandes, enquanto os da Sagrantino da Úmbria, são bem miúdos. Com isso, para produzir uma garrafa de vinho Sagrantino, são necessários mais cachos.

FORMATO E TAMANHO DOS CACHOS
Varia muito de acordo com cada casta em tamanho, formato e quantidade de uvas. A origem do nome Pinot Noir se deve ao fato de seus cachos lembrarem o formato da fruta do pinheiro (*pine*, em inglês). As uvas que produzem cachos com grande quantidade de bagos são classificadas como de alto rendimento. Isso porque vão produzir mais vinhos.

COR DAS CASCAS
As uvas tintas apresentam o vermelho escuro em várias tonalidades. A Negroamaro, da Puglia, como diz o próprio nome, tem um vermelho muito escuro, chegando a ser quase negro. A Pinot Noir, por sua vez, tem um vermelho menos intenso. Em *terroirs* onde o frio é mais intenso, a tendência é que as uvas tenham cascas mais grossas. É a uva protegendo sua semente do frio. A maioria das uvas consideradas brancas, como Chardonnay, Sauvignon Blanc e Sémillon, apresentam as cascas verdes, algumas com tons de amarelo. Há uvas consideradas brancas que têm a casca rosa, como Savagnin Rosè, Moscato e Malvasia.

A ORIGEM DAS UVAS

Uva Isabel em Garibaldi, Rio Grande do Sul

Uvas de mesa

As principais características reconhecidas e exigidas pelo mercado são **tamanho, cor e açúcar**. São as uvas para comer como frutas.

Tamanho

A expectativa do consumidor é que os cachos e os grãos sejam grandes.

Em minha visita à bodega Sánchez de Loria, no Vale do Aconcágua, no Chile, acompanhei a poda dos cachos de uvas de mesa.

Os cachos nascem bem grandes, com cerca de 400 grãos cada um. Quando estão começando a se desenvolver, é feita uma poda para reduzi-los a cerca de 150 grãos.

A redução do número de grãos nos cachos faz com que haja uma concentração de nutrientes, tornando os grãos maiores.

Os podadores recebem o pagamento por cacho e chegam a podar de 300 a 500 unidades por dia.

reto sobre os cachos, as uvas ganham um tom levemente amarelado, que vai dar uma impressão de uva passada quando chegar ao mercado. Ou seja, que ela passou do ponto de colheita.

Cor

São as duas cores básicas, vermelho e verde. As uvas tintas de mesa apresentam uma variedade de tonalidades de vermelho, mas a mais usual é o vermelho mais rosado.

As uvas verdes devem ser realmente verdes. A cor tem muito a ver com o sistema de plantio, as parreiras.

As parreiras das uvas tintas têm aberturas para que o sol penetre e incida sobre os cachos.

Já as parreiras das uvas verdes não podem ser abertas para que sol penetre. Os cachos não podem receber o sol direto sobre eles. Se o sol incidir di-

Açúcar

Já sabemos que o açúcar é gerado pela incidência do sol nas frutas e nas folhas.

As uvas de mesa tintas, por receberem o sol diretamente nos frutos e nas folhas, têm maior possibilidade de concentrar mais açúcar.

O açúcar das uvas verdes é todo gerado pela incidência do sol nas folhas. As parreiras de uvas verdes são fechadas e com muitas folhas.

É muito comum comprarmos uvas verdes de mesa e elas não estarem tão doces, ou por terem sido colhidas antes do tempo, ou por falta de sol.

A ORIGEM DAS UVAS

Tempos de amadurecimento

Cada casta de uva tem um ciclo de vida, desde a formação do cacho até seu amadurecimento.

Há uvas que formam o cacho entre agosto e setembro e amadurecem em fevereiro. Outras formam o cacho entre agosto e setembro e amadurecem em março, e outras ainda amadurecem em abril.

O tempo de amadurecimento pode variar de acordo com os *terroirs* onde foram plantadas e com o comportamento do clima em cada ano específico. Se fez muito sol ou se choveu muito.

Podemos então dividir as uvas em: de COLHEITA ANTECIPADA, A TEMPO e TARDIA.

No Hemisfério Sul, incluindo Brasil, Argentina, Chile, Uruguai, África do Sul, Austrália e Nova Zelândia, os meses de amadurecimento e colheitas variam. No Vale dos Vinhedos, são em fevereiro e março, e algumas uvas em abril.

Em Mendoza, são nos meses de março, abril e maio.

No Hemisfério Norte, incluindo França, Portugal, Itália, Espanha e Estados Unidos, os meses de amadurecimento e colheita são em agosto, setembro e outubro, e algumas uvas em novembro.

Os meses das colheitas podem variar, em relação às datas e quinzenas, em função do amadurecimento, dependendo das condições climáticas, chuvas, sol, frio ou calor em anos específicos.

As uvas de COLHEITAS ANTECIPADAS amadurecem e são colhidas, por exemplo, nos seguintes meses:

Vale dos Vinhedos	Fevereiro
Mendoza	Março
Hemisfério Norte	Agosto/início de setembro

Exemplos de uvas com colheitas **antecipadas:** *Pinot Noir, Merlot, Primitivo, Tempranillo e Cabernet Franc*

UVAS A TEMPO amadurecem e são colhidas, por exemplo, nos seguintes meses:

Vale dos Vinhedos	Março
Mendoza	Abril
Hemisfério Norte	Setembro

Exemplos de uvas de colheitas **a tempo:** *Cabernet Sauvignon, Malbec, Syrah, Grenache e Chardonnay*

UVAS TARDIAS amadurecem e são colhidas, por exemplo, nos seguintes meses:

Vale dos Vinhedos	Abril
Mendoza	Maio
Hemisfério Norte	Outubro/Novembro

Exemplos de uvas de colheitas **tardias:** *Nebbiolo, Sagrantino, Sangiovese, Negroamaro e Carménère*

A Pinot Noir é colhida no Vale dos Vinhedos no fim de janeiro, mas pode atrasar para o início de fevereiro.

A Carménère desapareceu na França no século XIX por ser uma uva **tardia**. Mais adiante, vou contar a história da extinção e ressurreição da uva Carménère.

Teoricamente, as uvas **tardias**, por terem os ciclos de vida mais longos e por ficarem mais tempo expostas ao calor do sol e ao frio da noite, produzem mais açúcar e taninos. Assim, uvas como Baga, Nebbiolo, Negroamaro e Sagrantino produzem vinhos encorpados, de vermelho intenso, tânicos e longevos.

A ORIGEM DAS UVAS

Formas e sistemas de plantio

Espaldas
Na grande maioria das regiões vinícolas, o sistema é de **espaldas**.

As cepas são plantadas enfileiradas, uma ao lado da outra, a uma distância de 1,5 metro, aproximadamente.

No meio, são passadas fileiras de arames para sustentação. Este sistema faz com que o sol incida diretamente sobre as folhas e os cachos.

Ele é vulnerável a ventos muito fortes ou a chuvas de granizo.

Em duas regiões que visitei, Vale de Uco, em Mendoza, Argentina, e São Joaquim, na Serra Catarinense, são colocadas telas de proteção contra as constantes chuvas de granizo.

Parreiras
Hoje em dia são poucos, mas há ainda vinícolas que utilizam o sistema de **parreiras**.

Um viticultor de Pinto Bandeira, próximo de Bento Gonçalves, no Rio Grande do Sul, me disse que o segredo está na poda das parreiras: é preciso abrir espaço para o sol entrar o necessário.

As uvas de mesa são, em sua grande maioria, plantadas em sistemas de parreiras.

Arcos e Alberellos
Em minhas viagens para a Europa, dois sistemas diferentes de plantio chamaram muito minha atenção.

O sistema de **arcos** em Hermitage, na França, e o sistema de **alberellos** na Puglia, no sul da Itália.

Pelos sistemas de arcos em Hermitage, as cepas são plantadas em fileiras, uma ao lado da outra, amarradas e se apoiando uma na outra. Assim, a fileira de cepas é formada por uma sequência de arcos.

O conceito explicado pelos viticultores é que, ao se apoiarem em forma de arcos, as cepas gastam menos

Vinhedo em arcos, Tain l'Hermitage, França

energia para suportar o peso dos cachos, sobrando assim mais energia da planta para as uvas.

Há também um arejamento maior, que ajuda a evitar umidade e potencializa a incidência do sol.

A maioria dos vinhedos de Tain l'Hermitage, na região do Rhône, na França, é plantada em sistema de espaldas, mas há vários vinhedos no sistema de arcos.

Na encosta do morro, atrás da esta-

A ORIGEM DAS UVAS

Vinhedos em Valpolicella, Vêneto, Itália

ção do trem em Tain l'Hermitage, há vários vinhedos em sistemas de arcos.

Se visitar Tain l'Hermitage, esses vinhedos ficam praticamente dentro da cidade. Você pode visitá-los e caminhar no meio deles, livremente.

O sistema de **Alberellos** ("brotos" ou "rebentos", em italiano), na Puglia, faz parte da cultura e da tradição que vem de séculos. As cepas são plantadas em forma de pequenas árvores e, quando podadas, ficam a uma altura de no máximo 1,5 a 2 metros.

Como são pequenas árvores plantadas a uma distância de 2 metros, uma ao lado da outra, há um espaço entre elas para que o sol incida e para facilitar a colheita. Com isso, há um espaço perdido entre elas e, se considerarmos o vinhedo como um todo, há uma perda grande de espaço.

Muitas vinícolas, na substituição e

ADOTE UMA CEPA

A Cantina Paolo Leo, de Lecce, como forma de preservação, decidiu "tombar" um vinhedo de alberellos, de uvas Negroamaro, de mais de 60 anos, colocando suas cepas para serem "adotadas". O valor de adoção de uma cepa é de 40 euros. O tutor recebe um Certificato di Adozione e o título de Vignaiolo Onorario. Cada cepa recebe um número e, após a adoção, é colocada no caule uma identificação com o nome do tutor. Quando visitei a Cantina Paolo Leo, adotei o alberello nº 17. Você também pode adotar um alberello no site *www.dorsorosso.it*.

no replantio das vinhas velhas, estão optando pelo sistema de espaldas.

Por outro lado, há viticultores que continuam mantendo a cultura e a tradição dos alberellos, inclusive utilizando isso como um diferencial na divulgação de seus vinhos.

Na região de Gioia del Colle, berço do vinho Primitivo, há uma associação de viticultores que defende e promove a preservação dos alberellos.

AS PRINCIPAIS UVAS

Quando os romanos conquistaram e dominaram várias regiões da Europa, já eram reconhecidos como os maiores comerciantes e exportadores de vinhos.

Eles utilizavam as técnicas de produção mais modernas da época, produzindo seus vinhos com castas italianas e outras uvas trazidas das regiões que conquistaram.

AS PRINCIPAIS UVAS

Antigos garrafões de vinhos

Segundo Plínio, o Velho, autor da frase "In vino veritas" ("No vinho está a verdade"), historiador, escritor e grande conhecedor de vinhos, as melhores uvas italianas na época eram Aminean e Normeatura.

Ao dominar os novos territórios, os romanos buscavam sempre implantar sua cultura e incrementar o cultivo de suas principais uvas, estimulando a produção dos vinhos.

O negócio dos vinhos tinha um peso grande em sua economia.

Aos chegarem a algumas regiões, no entanto, os romanos eram surpreendidos ao encontrar povos que já produziam vinhos, com uvas nativas.

No século I, quando chegaram à região de Bordeaux, encontraram os *bituricans*, que já produziam vinhos com uma uva nativa, chamada *Biturica*. Esta uva, depois levada pelos romanos a várias regiões da Europa, pode ter sido a mãe de várias

castas europeias atuais.

Muitas das uvas que estão sendo hoje plantadas tiveram suas origens em castas italianas, castas trazidas pelos romanos da Grécia, dos Balcãs, do Egito, da Pérsia, e de castas nativas dos povos europeus antigos.

Essas uvas foram, através dos tempos, sofrendo mutações, muitas vezes provocadas pelos diferentes *terroirs* onde eram plantadas. Muitos cruzamentos aconteceram e as uvas foram mudando de nome.

Estudos genéticos comprovam que todas a uvas que conhecemos hoje são provenientes de cruzamentos, muitos deles ocorridos há vários séculos.

Muitas uvas desapareceram com o tempo.

Família Carmene
Na região de Bordeaux, na França, berço de importantes e reconhecidas uvas, estudos genéticos realizados mais recentemente comprovaram o parentesco entre várias castas.

Cabernet Franc, Merlot, Cabernet Sauvignon e Carménère são todas parentes entre si. Melhor ainda, são irmãs, um parentesco mais próximo. E segundo alguns estudiosos, elas têm como uma das ancestrais a Biturica, plantada na região desde o século I.

Por serem da mesma família, proporcionam *blends* excepcionais.

Na região de Occitane, nos Pirineus franceses, a Malbec e a Tannat também são irmãs.

Muitas uvas que possuem os mesmos DNAs, plantadas em várias regiões do mundo, em diferentes *terroirs*, geram frutos e vinhos com características próprias e são conhecidas por diferentes nomes.

AS PRINCIPAIS UVAS

A SEGUIR, APRESENTO UMA LISTA DAS MAIS IMPORTANTES UVAS CULTIVADAS EM TODO O MUNDO.

Uva Aboriou

ABOURIOU
Uva tinta plantada no sudoeste da França. É confundida com a Gamay, do Beaujolais. Chegou perto da extinção após o aparecimento da praga da filoxera, mas foi redescoberta em 1882 pelo viticultor Précoce Naugé. Por essa razão, é conhecida também como *Précoce Noir*.

De colheita antecipada e alto rendimento, é muito resistente a pragas.

Seus monocastas são muito coloridos, tânicos, com pouca acidez e aromas com toques de pimenta.

É utilizada em *blends* com as uvas Malbec, Fer, Cabernet Sauvignon, Cabernet Franc, Syrah e Merlot. É também conhecida como Beaujolais, Plant Précoce, Gamay du Rhône e Malbec Argente.

ALFROCHEIRO PRETO
Uva tinta cultivada na região do Alentejo e Dão, em Portugal.

Não há muitas informações sobre esta uva. Normalmente, é utilizada em *blends*.

Em Portugal, é também conhecida pelos nomes de Alfrocheiro, Franca de Viseu, Tinta Francesa, Tinta Bastardinha e Bastardo Negro.

Na Espanha, é conhecida como Baboso Negro, Albarín Negro e Albarín Tinto.

LEGENDAS:

VINHO TINTO

VINHO ROSÉ

VINHO BRANCO

AGLIANICO

Uva tinta do sul da Itália, regiões de Basilicata e Campânia, onde é considerada a Sangiovese e a Nebbiolo do sul.

É chamada também de Barolo do Sul por sua capacidade de produzir vinhos finos, complexos e altamente refinados.

Foi trazida da Grécia no século VIII a.C., e segundo o enólogo francês Denis Dubourdieu, é provavelmente a uva com a história mais longa na Itália.

Era a uva utilizada para produzir os vinhos *Falernos*, em 121 a.C.

Os *Falernos* eram produzidos nas encostas dos morros de Nápoles e eram considerados os melhores vinhos da época. Estagiavam em ânforas por mais de 10 anos. Eram vinhos degustados pelos imperadores Júlio César e Calígula, e entre os nobres era um sinal de riqueza e luxo. Considerado por alguns historiadores como o melhor vinho produzido em todos os tempos.

Uva de colheita tardia, que na Itália ocorre em novembro.

Seus vinhos são encorpados, com taninos firmes, elevada acidez, longevos. Harmonizam com carnes ricas, como cordeiros e queijos maduros.

Outros nomes pelos quais é conhecida são Uva dei Cani, Aglianico di Puglia, Aglianichella, Gnanico e outros 30 nomes.

AIRÉN

É a mais importante uva branca da Espanha.

Até 2004, era a uva com maior número de hectares plantados no mundo.

A partir de 2010, com o crescimento da Cabernet Sauvignon e Merlot, passou a ser a terceira do mundo.

É plantada principalmente nas regiões de La Mancha, Castela e Múrcia, e é muito utilizada na produção das uvas-passas.

É uma uva tardia muito resistente à seca e que se adapta bem a terras não férteis.

Mesmo assim, tem alto rendimento, produzindo cachos volumosos e grandes.

É considerada uma uva de baixa qualidade, com pouca acidez e açúcar.

Seus vinhos têm um tom amarelado, pouco corpo e tempo de guarda.

Seus aromas lembram bananas e maçãs.

Em algumas regiões, é utilizada para *blends* com a Viúra.

Embora não esteja na relação das principais uvas das regiões de Rioja e Ribera del Duero, é a mais importante uva da Espanha.

Uva Aglianico

AS PRINCIPAIS UVAS

ARBANE
Uva branca da região de Bar-sur-Aube, na província de Champagne, na França.

O nome vem da palavra latina Albana (branca).

Tem baixo rendimento, cachos e bagos pequenos, com a colheita na metade da estação para o final.

Autorizada a entrar no blend da produção do champanhe, mas em pequena quantidade, com as uvas Chardonnay, Pinot Blanc e Meunier.

É conhecida também por Arbane Blanche, Crène e Crénillat.

ALBARÍN NEGRO
É uma uva tinta que, junto com a Carrasquín, Verdejo Negro e Albarín Bianco, forma o grupo das quatro uvas autorizadas para os vinhos da DOC Cangas, do Principado de Astúrias.

O Principado de Astúrias é uma região autônoma localizada entre a Galícia e Castela e Leão, na Espanha.

Esta uva é também cultivada na Cantábria, de Castilla y Leon.

ALBAROLA
É uma uva branca de baixo rendimento, que produz poucos cachos. Cultivada na Sicília, na Itália, tem sido substituída por outras uvas brancas de rendimento mais alto.

Na Ligúria, participa com as uvas Bosco e Vermentino do blend do vinho branco de Cinque Terre.

Conhecida também como Trebbiano di Sarzana, está sendo cultivada na Califórnia e no Oregon, nos Estados Unidos.

ALBAROSSA
É um cruzamento das uvas Nebbiolo e Barbera, desenvolvido em 1938 pelo viticultor Giovanni Dalmaso no Instituto Experimental de Viticultura em Conegliano, no Vêneto.

Em 2009, concluiu-se que a uva utilizada não era Nebbiolo, e sim a francesa Ardèche.

É uma uva de colheita tardia, com bons níveis de açúcar, taninos e acidez.

É cultivada na região DOC Monferrato, no Piemonte, e é utilizada em blends com as uvas Nebbiolo, Barbera, Freisa e Dolcetto.

ALBILLO, ALBILLO BLANCA DEL PAÍS, ALBILLO DE MADRID, ALBILLO REAL, ALBILLO DE TORO
O nome muda conforme a região onde é cultivada.

É conhecida desde o século XV e é originária da região vinícola de Ribera del Duero, na Espanha.

Seu nome é o diminutivo de Albo, que significa branco, alvo.

É uma uva branca de casca dourada, grãos e cachos pequenos, compactos, e de colheita bem antecipada. A colheita em Ribera del Duero

Uva Albillo Blanca usada na produção do txakoli

Uva Aleático

acontece na segunda quinzena de agosto.

Seus vinhos possuem boa acidez, são suaves, têm pouco açúcar, são longevos e muito aromáticos.

É também plantada no entorno de Madrid, Ávila e Galícia.

Em Vizcaya, na Rioja Alta, é usada na produção do *txakoli*, um espumante seco, com alta acidez e pouco álcool.

ALEÁTICO

É uma uva exclusiva e nativa, utilizada na produção do famoso vinho Aleático Passito, da Ilha de Elba.

A uva Aleático é uma variação da Moscato, originária da Grécia.

De cor vermelho-rubi, muito aromático, o vinho é servido com doces, bolos, sobremesas e chocolates. Possui dosagem alcoólica alta, normalmente de 19°.

Passito era o vinho preferido de Napoleão Bonaparte, quando ele esteve preso na Ilha de Elba.

ALIGOTÉ

Uva branca muito plantada na Borgonha. É um cruzamento da Pinot Noir com a Gouais Blanc. O primeiro registro desta uva é do século XVIII.

Uva de rendimento moderado, amadurecimento antecipado, tolerante ao frio e, por isso, muito plantada no Leste Europeu.

Seus vinhos brancos secos são jovens, com alto teor de acidez, aromas de maçã e limão.

Em *blend* com a Chardonnay, agrega acidez e estrutura.

Depois da Chardonnay, é a uva branca mais plantada na Borgonha.

É cultivada na Ucrânia, na Bulgária, na Romênia, na Suíça, na Moldávia, nos Estados Unidos e no Chile.

É conhecida pelos nomes de Griset Blanc, Plant Gris e outros 20 nomes.

AS PRINCIPAIS UVAS

Uva Alvarinho

ALVARINHO, ALBARIÑO

É uma uva muito conhecida dos brasileiros por causa do vinho verde.

Foi trazida por monges da região de Saône-et--Loire, na França, para a Galícia, na Espanha, no século XII.

O nome original Albariño é uma derivação de *alba, albo,* que em português quer dizer *alvo (cor), limpo, claro.*

Albariño significa branquinho, clarinho, por causa do verde-claro da sua casca.

Em Portugal, na região de Monção, no Minho, ganhou o nome de Alvarinho.

Na Galícia, são produzidos vinhos brancos secos e, em Portugal, os vinhos verdes.

Na região do Minho, é plantada em forma de árvores.

É uma uva de baixa acidez, e seus vinhos têm pouco corpo. Recomenda-se que seja consumido em um tempo mais curto.

Os aromas lembram damasco e pêssego.

Os *blends* são normalmente com as uvas Loureiro, Godello e Arinto.

É plantada nos Estados Unidos, no Uruguai e no Brasil.

ANCELLOTTA

É conhecida na região da Emilia--Romagna, na Itália, desde o século XIV, sendo plantada pela família de Tommasino Lancellotti, do qual possivelmente originou seu nome.

Sua casca é grossa e apresenta um vermelho muito escuro. Contém uma quantidade significativa de polifenóis e antioxidantes.

O extrato de sua casca é utilizado para colorir produtos alimentícios manufaturados.

Seus vinhos tintos secos têm bastante acidez, taninos e aromas que lembram cerejas e morangos.

É utilizada em *blends* com a Sangiovese.

Em Módena, na Emilia-Romagna, a Ancellotta é usada nos *blends* com a uva Lambrusco, para dar cor ao espumante Lambrusco.

É cultivada na Austrália, na Suíça e no Brasil.

No Vale dos Vinhedos e na região de Campos de Cima da Serra, está sendo colocada em *blends* com Cabernet Sauvignon e Merlot.

É conhecida também pelos nomes de Balsamina Nera e Uvino.

ARAGONEZ, TINTA RORIZ

É a mesma uva Tempranillo de Rioja, na Espanha.

Muito plantada nas regiões do Alentejo e do Douro, em Portugal.

É uma uva muito importante na composição dos *blends* de vários consagrados vinhos tintos de mesa portugueses e do vinho do Porto.

Há uma descrição maior na apresentação da uva Tempranillo.

ARINARNOA

Uva tinta originária da região basca, sul da França e norte da Espanha.

Seu nome é formado pelas palavras bascas *Arin* (luminoso) e *Arno* (vinho).

Ou seja, não é francês nem espanhol: é um nome basco.

Pensava-se ser um cruzamento das uvas Merlot e Petit Verdot, mas, recentemente, testes de DNA comprovaram que é na verdade Tannat com Cabernet Sauvignon. Daí a explicação para suas características.

Possui alta acidez e taninos fortes. Seus vinhos são vermelho-escuros, encorpados e longevos.

Uva Aragonez

Adapta-se a invernos rigorosos e verão ensolarados.

Além da região basca, é plantada no Chile, no Uruguai e na Argentina.

No Brasil, é encontrada no Vale dos Vinhedos, em Caxias do Sul e na Campanha Gaúcha.

AS PRINCIPAIS UVAS

Uva Arinto

 ARINTO

É originária da freguesia de Bucelas, município de Loures, região de Lisboa.

É uma das principais uvas brancas portuguesas para os vinhos brancos secos.

Na região de Monção, no Minho, é utilizada em *blends* para o vinho verde.

Sua casca é verde amarelada e tem alta acidez. Seus vinhos possuem corpo médio e aromas que lembram limão e maçã verde.

É conhecida também pelos nomes de Cerceal e Malvasia Fina.

ARNEIS

É a principal uva branca do Piemonte, na Itália. Originária da região de Roero, é cultivada há vários séculos.

Há referências históricas com os nomes de Renaysii, de 1432, nos arredores de Turim, e de 1478, com o nome de Renesium, na região de Cuneo. No passado, era utilizada em *blends* para amaciar os taninos do Nebbiolo.

Como é uma uva relativamente mais doce, era plantada, junto com os vinhedos da Nebbiolo, para atrair pássaros. Dessa maneira, conseguiam preservar a uva principal. É uma uva difícil de cultivar.

Em 1970, a Cantina Vietti e a Bruno Giacosa produziram os primeiros vinhos brancos secos monocastas com a uva Arneis.

Desde então, várias outras cantinas da região do Piemonte passaram a produzir vinhos brancos com esta uva.

AUXERROIS BLANC

Seu nome está ligado à cidade de Auxerre, na Borgonha, França. No entanto, sua origem é a região de Lorraine, um pouco mais ao norte, na divisa com a Bélgica e Luxemburgo. Como sua irmã Chardonnay, é um cruzamento da Gouais com a Pinot Noir.

A Gouais é uma uva trazida da Croácia pelos romanos. A Auxerrois Blanc adapta-se muito bem a solos de argila com pedras e pedregulhos. Seus cachos são pequenos, mas bem cheios, e sua colheita é antecipada.

Seus vinhos brancos secos são encorpados e com aromas que lembram frutas cítricas e almíscar.

São relativamente longevos e, com o passar do tempo, vão adquirindo um tom mais amarelado. Os aromas lembram mel. Seus principais *blends* são com as uvas Pinot Blanc e sua irmã Chardonnay. É utilizada em brancos secos e espumantes.

É muito plantada na Alsácia-Lorena, onde compõe com as uvas Pinot Blanc, Pinot Noir e Riesling o blend para o tradicional e icônico espumante Crémant d'Alsace.

É cultivada na Alemanha, em Luxemburgo, no Canadá, na Inglaterra e nos Estados Unidos.

BAGA

É a principal uva dos vinhos tintos da Bairrada, em Portugal.

O viticultor Luís Pato foi o responsável pela redescoberta e reintrodução desta uva nos vinhos da região.

Em 1980, ele produziu o primeiro tinto monocasta com a uva Baga, obtendo um excelente resultado. Este vinho é ainda hoje cultuado pelos colecionadores e profissionais do vinho.

Uva de casca grossa, vermelho-escura, rica em taninos e com alta acidez.

Considerada, ao lado das uvas Negroamaro (da Puglia), Sagrantino (da Úmbria) e Tannat (da França), as uvas com maior quantidade de polifenóis, taninos e antioxidantes.

Seus vinhos são encorpados e muito longevos.

Seus aromas lembram frutas vermelhas, pimenta, ervas e terra.

BARBERA

É a terceira uva tinta mais plantada na Itália. Originária de Monferrato, no Piemonte, onde é plantada desde o século XIII.

É a segunda uva tinta mais importante da região do Barolo e do Barbaresco.

De alto rendimento, é colhida duas semanas antes da Nebbiolo.

É uma uva com bastante taninos e muita acidez.

Seus vinhos são de corpo médio, encorpados e longevos.

Possui grande afinidade com as barricas de carvalho. Seus aromas lembram mirtilo, cereja e baunilha.

É o vinho do dia a dia dos habitantes da região do Piemonte.

Uva Barbera

AS PRINCIPAIS UVAS

BIANCA

Uva branca da região de Eger, na Hungria. É um cruzamento da uva Bouvier, da Eslovênia, com a Eger 2, da Hungria.

Bianca é a uva branca mais plantada na Hungria. Seus vinhos brancos secos possuem baixo teor alcoólico, aromas florais e são de consumo rápido. São passíveis de oxidação em pouco tempo.

Além da Hungria, é plantada na Rússia, Moldávia e Eslovênia.

BIANCHETTA TREVIGIANA, BIANCHETTA GENTILE

Há registros desta uva branca desde o século XVII, nas regiões de Trentino, Alto Ádige e Vêneto, na Itália.

Sua origem é Treviso, possivelmente um cruzamento da uva Durella, do Vêneto, com a extinta Brambana.

Há pouquíssimos vinhos monocastas. É mais utilizada em *blends*, para aumentar a acidez dos vinhos espumantes, inclusive o Prosecco.

É conhecida também como Bianca Gentile, Cenese, Pignolo Bianco, Vernazza e Vernaccia.

Não tem relação com a Vernaccia dos vinhos brancos de San Gimignano.

BICAL

Uva branca portuguesa da Bairrada. Produz vinhos brancos com elevada acidez e é utilizada para os espumantes.

Na região do Dão, é conhecida como Borrado das Moscas devido à pigmentação de sua casca.

BOBAL

Uva tinta originária da região demarcada de Utiel-Requena, Valência, Espanha, onde representa 80% de todas as uvas tintas plantadas.

É conhecida desde o século XV e seu nome é derivado do latim *Bovale* que significa Formato de Cabeça de Touro.

É cultivada nas regiões de Cuenca, Albacete,

Uva Bical

Andalucia, Castilla y Leon, La Mancha, Alicante, Murcia, Catalunha, Extremadura e outras.

É a 3ª uva mais plantada por hectares, na Espanha, ficando atrás da tinta Tempranillo e da branca Airen.

Fácil de cultivar, adapta-se bem em todas regiões. De alto rendimento, produz um número bom de cachos robustos. A casca é dura e resistente, vermelha escura, rica em taninos, com resveratrol acima da média. Possui baixo teor alcoólico e alta acidez (ácido tartárico), com potencial de produzir vinhos longevos.

É utilizada mais para a produção de vinhos a granel. Plantada em regiões mais altas, acima de 800 metros produz vinhos monocastas, encorpados, taninos equilibrados, aromáticos de ótima acidez e longevos.

Utilizada em *blends* com a uva Tempranillo.

Está sendo plantada em pequena quantidade no Roussillon na França e na ilha da Sardenha.

Uva Bombino Bianco

glia, na Itália.

Bombino, em italiano, significa "uma pequena bomba". Seu nome se deve ao formato arredondado dos grãos.

Adapta-se muito bem às regiões mais altas, é fácil de cultivar, resistente a fungos e doenças e produz muitos cachos.

É considerada uma uva de alto rendimento, tanto que, na região de Emilia-Romagna, é chamada de Pagadebit.

Seus vinhos são neutros, com pouco aroma, e têm pouco tempo de guarda.

É muito usada na elaboração dos vermutes.

Na Alemanha, é utilizada em *blends* de espumantes.

É parente próxima da Bombino Nero.

BOMBINO NERO

É uma uva tinta nativa da Puglia, na Itália, sendo possivelmente uma mutação da Bombino Bianco.

Sua casca é de um vermelho intenso, com muitos polifenóis, taninos e antioxidantes.

Essas características são absorvidas mesmo na produção dos rosés, quando as cascas ficam menos expostas.

Os vinhos possuem pouco corpo e aromas leves de frutas.

É muito plantada em Basilicata, Lazio e Sardenha.

BOMBINO BIANCO

É uma uva branca nativa da região da Pu-

AS PRINCIPAIS UVAS

BONARDA

Conhecida também como Bonarda de Chianti e Bonarda de Monferrato, é uma uva tinta nativa da região do Piemonte, na Itália.

Antes da praga da filoxera, no século XIX, representava 30% dos vinhedos do Piemonte. Depois foi gradativamente substituída por Nebbiolo, Barbera e Dolcetto. Na região do Barbaresco, no Piemonte, é utilizada para *blends* dos vinhos tintos.

Foi muito plantada na região de Mendoza, na Argentina, onde era utilizada unicamente para *blends* dos vinhos tintos. Mais recentemente, algumas vinícolas têm produzido ótimos monocastas e varietais com a uva Bonarda. É plantada também na região do Vale dos Vinhedos, no Rio Grande do Sul.

BOSCO

É a principal uva branca da região de Cinque Terre, na Ligúria, noroeste da Itália.

No vinho branco DOC Cinque Terre, a uva Bosco entra com 40%, e os outros 60% com Albarola e Vermentino.

Não há informação de que esta uva seja plantada em outras regiões.

BRACHETTO

Uva tinta da região do Piemonte, na Itália. Plantada em Alessandria, na região de Asti, e na província de Cuneo.

Altamente aromática, é utilizada para monocastas tintos e frizantes adocicados, como o Lambrusco. É a uva do conhecido vinho Moscato D'Asti.

CABERNET FRANC

Da família Carmene, é cultivada na região de Bordeaux desde o século XVIII. Sua origem é a uva Bouchet, do Vale do Loire.

A Cabernet é possivelmente uma distorção da palavra árabe *carmane* (carmim), com o sufixo *et* do dialeto de Occitane, que indica o diminutivo. Em português, seria então *carminzinho*. Franc, porque é da França.

Seus vinhos são encorpados e com mais finesse que o Cabernet Sauvignon. Possuem aromas que lembram pimenta, tabaco, violetas e framboesas.

Produz ótimos monocastas, mas é muito utilizada em *blends* com suas irmãs, Cabernet Sauvignon e Merlot.

É uma das três uvas mais importantes de Bordeaux. Em outras regiões da França, é também conhecida como Alcheria, Arroya, Boubet, Bouchet e Breton.

Breton era o nome do padre que cultivava a uva Bouchet no Vale do Loire, na França.

Na Argentina, é considerada a segunda uva mais importante e está sendo muito cultivada no Vale de Uco.

Uva Bonarda

CABERNET SAUVIGNON

O nome Cabernet é possivelmente uma distorção da palavra árabe *carmane* (carmim), com o sufixo *et* do dialeto de Occitane, que indica o diminutivo. Sauvignon vem de *sauvage* (selvagem). Em português, seria então carminzinho selvagem.

A uva já era conhecida no século XVII pelos nomes Bidure e Petit Vidure. Não há registros de quando mudou seu nome para Cabernet Sauvignon.

Em 1996, a enologista-chefe do Departamento de Viticultura da Universidade da Califórnia em Davis, Caroline Meredith, sequenciou o código genético e concluiu que a Cabernet Sauvignon é um cruzamento da Cabernet Franc com a Sauvignon Blanc, possivelmente ocorrido no século XVII, na Abadia de Tournay, em Madiran, nos Pirineus franceses.

Foi a primeira uva que teve seu código genético sequenciado.

É a uva mais conhecida e plantada em todo o mundo.

Seus vinhos são sempre muito equilibrados em ta-

Uva Cabernet Sauvignon

ninos, acidez e açúcar.

É uma uva que não dá muitos problemas ao cultivar, amadurece no tempo certo e tem alto rendimento.

Adapta-se a diferentes *terroirs* e tem grande afinidade com os barris de carvalho.

Seus aromas lembram baunilha, pimenta, tabaco e frutas vermelhas.

Independentemente de onde plantar, seus vinhos são sempre muito bons.

Château Mouton Rothschild e Château Latour, conhecidos e importantes vinhos do Médoc, levam, em seu *blend*, 75% de Cabernet Sauvignon.

No Vale de Napa, nos Estados Unidos, a Cabernet Sauvignon representa 55% dos vinhedos.

É uma das principais uvas de Bordeaux, Chile, Brasil, Napa e África do Sul.

Na França, é ainda conhecida como Menut, Sauvignon Bidure e Bouchet Sauvignon. Na Espanha, como Bordeos.

AS PRINCIPAIS UVAS

Uva Callet

CALLET

Uva tinta da ilha de Maiorca, na Espanha. É uma uva rústica, vigorosa e resistente à praga da filoxera. De alto rendimento, possui cachos médios, bagos grandes e redondos.

Vinhos de pouco corpo, leve, vermelho-claro e baixa graduação alcoólica, no máximo 12,5°.

É um vinho para degustar mais fresco, com tira-gostos leves.

CANAIOLO, CANAIOLO NERO, UVA CANINA

É considerada a segunda uva tinta mais importante da Toscana.

Sua origem é indefinida. Acredita-se que já era cultivada pelos etruscos.

Há dois registros históricos, um de 1303, com o nome de Canajuola, e outro de 1622, como *Canaiolo Nero*.

A Sangiovese, a Colorino e a Canaiolo formam o *blend* dos vinhos Chianti.

O *Vino Nobile di Montepulciano* é um *blend* da Sangiovese e da Canaiolo.

Ela foi muito importante no passado, quando não existia ainda um controle da temperatura durante a fermentação. Era acrescentada para revigorar o açúcar e prolongar a fermentação alcoólica.

Em *blends*, é utilizada para amaciar o vinho. Possui taninos elegantes e aromas suaves.

Está para a Sangiovese assim como a Merlot está para a Cabernet Sauvignon.

CARIGNAN, CARIÑENA, MAZUELO

A origem desta uva tinta é a vila de Cariñena, na província de Zaragoza, na Espanha. Originariamente, a vila se chamava Carae e pertencia ao nobre romano Dorso Carinius.

Plantada em várias regiões da Europa, se adaptou muito bem à Ilha da Sardenha. Na Itália, ela é conhecida como Califeu.

Na criação da DOC (Denominação de Origem Controlada) de Rioja, foi uma das cinco uvas tintas oficialmente escolhidas, já com o nome de **Mazuelo**. É uma uva de casca vermelho-escura, com boa acidez e taninos.

Muito utilizada em *blends* para vinhos tintos, com a Tempranillo, Garnacha e Graziano.

Também usada em *blends* para vinhos rosés, com a Grenache, e para vinhos brancos, com a Viúra.

Os vinhos varietais com a uva Cariñena (Mazuelo) são encorpados, muito alcoólicos e mais direcionados ao consumo local.

O plantio desta uva aumentou muito após 1995, quando passou a fazer parte dos *blends* dos vinhos tintos de Rioja.

CARMÉNÈRE

Uva tinta originária do Médoc, na região de Bordeaux. Sua ancestral pode ter sido a Biturica dos tempos do domínio dos romanos.

Seu nome vem de carmin, que em francês é sinônimo da palavra vermelho. Isso porque, no outono, suas folhas adquirem uma cor vermelha, carmim.

Em Bordeaux, é também conhecida pelo nome de Vidure.

Desapareceu na França depois da infestação da praga da filoxera, no fim do século XIX, e foi reencontrada no Chile, em 1994.

Incluo a seguir a narrativa do desaparecimento e da redescoberta da uva no Chile.

É uma uva difícil de cultivar em *terroirs* de climas instáveis, como do Médoc.

Já em *terroirs* de clima mais estáveis, atinge toda sua exuberância, como ocorreu no Chile.

É uma uva de colheita tardia. No Chile, amadurece depois da Merlot e da Cabernet Sauvignon.

Seus vinhos são de um vermelho profundo, aromas de frutas vermelhas e frutos silvestres, taninos generosos e suaves, mais suaves que a Cabernet Sauvignon.

Seus principais *blends* são com Cabernet Sauvignon, Cabernet Franc e Merlot, todas geneticamente parentes próximas.

É plantada no Chile, no Brasil, nos Estados Unidos e na Itália.

CARRASQUÍN

Sobre esta uva tinta, não há muita informação. Junto com Albarín Negro, Verdejo Negro e Albarín Bianco, são as quatro uvas oficiais do *Vino de Calidad de Cangas*, do Principado de Astúrias, Espanha.

É uma uva tinta exclusiva da DOC Cangas, do Principado de Astúrias.

O Principado de Astúrias é uma região autônoma, localizado entre Galícia e Castela e Leão, na Espanha.

As quatros uvas autorizadas em Cangas são Carrasquín, Albarín Bianco, Albarín Negro e Verdejo Negro.

Uva Carmenérè

AS PRINCIPAIS UVAS

Extinção e Ressurreição da Carménère

No início do século XIX, a cidade de Bordeaux era a segunda mais importante da França. O comércio e a exportação de vinhos movimentavam a economia da cidade e trazia investimentos não só para os negócios, mas também para as áreas cultural e artística.

Depois de Paris, era a cidade que mais atraía turistas na França.

Os vinhos de Bordeaux, considerados entre os melhores do mundo, era uma de suas principais atrações.

Em meados do século XIX, quando o Chile se tornou independente, emergiu no país uma elite formada por famílias tradicionais, novos-ricos e proprietários de minas de cobre e salitre.

Esses novos-ricos, para serem aceitos na elite, deveriam ter uma mansão em Santiago, uma casa de praia em Valparaíso e uma pequena vinícola.

Foram eles, os novos-ricos, que, em viagens para a França, trouxeram de Bordeaux mudas das principais uvas: Cabernet Sauvignon, Cabernet Franc, Merlot e Carménère.

Como a folha e o cacho da Merlot parecem muito com os da Carménère, plantaram as duas juntas e chamaram todas de Merlot.

Em 1865, a praga da filoxera dizimou praticamente todos os vinhedos da França.

Como não se encontrou uma forma de combater o fungo, a solução foi arrancar todos os vinhedos.

Replantaram tudo, utilizando troncos de videiras americanas e, depois, fizeram enxertos com castas francesas.

Os troncos americanos eram resistentes ao ataque da filoxera.

Em meu livro **Viagens Vinhos História**, há um capítulo inteiro dedicado à filoxera.

Foi uma catástrofe em toda a Europa e, principalmente, em Bordeaux, onde os vinhos tinham um peso muito grande na economia.

Após replantar e fazer os enxertos, era então preciso esperar, no mínimo, cinco anos para colher uvas para começar a produzir novamente os vinhos.

É nesse momento que começa a **extinção da Carménère**.

Carménère é uma uva considerada tardia, que em Bordeaux amadurecia e era colhida em meados de outubro, já no meio do outono. Muitas vezes, no outono, quando o frio chegava mais cedo, a Carménère corria o risco de não amadurecer totalmente, e havia grandes perdas.

Era também uma uva difícil de cultivar.

Por outro lado, Cabernet Sauvignon, Merlot e Cabernet Franc eram uvas consideradas **ao tempo**, que amadureciam e eram colhidas no fim de agosto e em setembro. Não exigiam cuidados muito especiais e proporcionavam grandes rendimentos.

Foi então que os viticultores decidiram, ao replantar os troncos americanos, fazer os enxertos somente com Cabernet Sauvignon, Merlot e Cabernet Franc.

Eles corriam contra o tempo e precisavam ter certeza de que, cinco

Viña Carmen, vinhedo onde foi redescoberta a uva Carménère

anos depois, em agosto e setembro, teriam uvas para colher.

Assim, a Carménère foi deixada de lado, não só em Bordeaux, mas em outras regiões.

A Carménère, então, desapareceu na Europa!

A RESSURREIÇÃO
Em novembro de 1994, o ampelógrafo francês Jean Michel Boursiquot foi convidado a fazer duas palestras em um simpósio sobre uvas, em Santiago, no Chile.

Boursiquot, formado em engenharia genética, era o chefe do Departamento Científico da Domaine Vassal, na região de Montpellier.

A Domaine Vassal era uma instituição que armazenava e possuía, na época, um arquivo vivo e plantado com cerca de 2.600 variedades de uvas e 7.600 clones.

Essa instituição, que havia iniciado o armazenamento e a catalogação das mudas das uvas na época da filoxera, está ativa até hoje.

Durante a palestra, foi convidado para visitar a Viña Carmen, no Vale de Maipo. Durante o passeio, ao caminhar por um vinhedo considerado de Merlot, ele notou que os pedúnculos dos cachos não eram exatamente de Merlot.

Por coincidência, ele havia feito recentemente pesquisas no arquivo vivo da Domaine Vassal da uva Carménère e identificou os pedúnculos dos cachos como sendo da uva Carménère.

- *Esta uva não é Merlot, é Carménère!*

Foi então que disseram que, realmente, em algumas cepas, as uvas demoravam mais para amadurecer e as folhas, no outono, ficavam com um tom avermelhado, carmim.

Assim, o francês Jean Michel Boursiquot é considerado o redescobridor da uva Carménère no Chile.

Hoje a Carménère é uma das principais uvas do Chile, e seus vinhos são muito apreciados, principalmente pelos brasileiros.

A Domaine Siaurac, na região de Pomerol, em Bordeaux, está produzindo alguns vinhos com *blends* de Merlot, Cabernet Sauvignon e Carménère. Eu degustei e achei excepcional.

O próximo passo seria produzir um monocasta.

A Carménère finalmente retornou à sua terra natal.

A uva Carménère é hoje bem plantada também no Brasil.

AS PRINCIPAIS UVAS

CASTELÃO, CASTELÃO FRANCÊS

É uma uva tinta muito plantada na região de Setúbal, Portugal, com o nome de Periquita ou João Santarém.

Os vinhos são aromáticos, com taninos bem marcados e com boa longevidade.

Na região do Algarve, em solo mais arenoso, são produzidos vinhos mais jovens, com tempo de guarda menor, utilizando a Castelão em *blends* com a Negra Mole (Tinta Negra).

Tinta Negra é a principal uva dos vinhos da Ilha da Madeira.

© Divulgação
Uva Cerceal

CERCEAL

Uva branca plantada em Portugal. Veja a descrição sob o nome de **Arinto**.

CÉSAR

Uva tinta plantada no norte da Borgonha, região de Dijon, na França. Conhecida como Romain. Acredita-se que tenha sido trazida pelos legionários romanos. Análises do DNA mostram que tem parentesco com as uvas Pinot Noir e Argant.

A Argant foi levada pelos romanos para a região de Jura, na França, e era muito plantada até o século 19.

A uva César é de colheita antecipada, amadurecimento precoce, mas muito suscetível a fungos.

Os vinhos são de um vermelho bem escuro, tânicos e são amaciados em *blends* com a adição da Pinot Noir.

Não há registro de que esteja sendo plantada, com destaque, em outros lugares.

CHARDONNAY

É uma pequena cidade na região de Saône-et-Loire, ao sul de Beaune, na Borgonha, de onde possivelmente tenha surgido o nome da uva.

Há uma lenda que diz que pode ter sido trazida da Síria por cruzados.

Uva Chardonnay

Estudos atuais de DNA, no entanto, sugerem que a Chardonnay é um cruzamento da Pinot Noir com a Gouais Blanc.

A Gouais é uma uva

vários *terroirs*.

Muito frutada, em regiões quentes seus aromas lembram pera e melão, e em regiões de altas temperaturas, manga e banana.

A verdade é que em cada *terroir* as pessoas sentem aromas de várias e diferentes frutas regionais.

É a principal uva das regiões de Champagne, Franciacorta e de muitos lugares onde são produzidos espumantes em todo o mundo.

É também a uva preferida para a produção de vinhos brancos secos.

Na Europa é conhecida também como Engrunat e Machouquet.

É irmã direta da uva Auxerrois Blanc.

Em alguns lugares, a Chardonnay é chamada de Auxerrois, e vice-versa.

Seu cruzamento com a Seibel gerou a Ravat Blanc, enquanto o cruzamento com a Seyval Blanc gerou a Chardonel.

É a uva branca mais plantada no mundo, e a segunda em número de hectares. Só perde para a Airén, da Espanha.

Na Califórnia, nos Estados Unidos, a Chardonnay virou sinônimo de vinho branco seco.

trazida da Croácia pelos romanos e que foi muito plantada na França.

A Chardonnay é uma uva muito eclética e que se adapta muito bem a

CHASSELAS

Uva branca originária da Suíça e plantada na Alemanha, França, Hungria, Romênia, Nova Zelândia e Suíça. Produz vinhos frutados que harmonizam com queijos e *fondue*.

No Vale do Loire, na França, é utilizada em *blend* com a Sauvignon Blanc para vinhos brancos secos. Na Turquia, é uva de mesa. Na Alemanha, é conhecida como Gutedel. Em Portugal, como Chasselas de Portugal.

Possui mais de 50 nomes na Europa e em outros lugares do mundo.

Uva Chasselas

AS PRINCIPAIS UVAS

CHENIN BLANC

Também conhecida como Pinot de La Loire. Sua origem é no século IX, no Vale do Loire. Foi levada em 1655 para a África do Sul pelos huguenotes.

Os huguenotes eram cristãos franceses que imigraram para a África do Sul em busca de um lugar onde pudessem praticar livremente sua religião. Foram eles que povoaram e plantaram os primeiros vinhedos na região de Stellenbosch.

A Chenin Blanc, ao lado de Sauvignon Blanc e Chardonnay, forma o trio das uvas brancas mais importantes da África do Sul.

Por sua alta acidez e açúcar, é utilizada em vinhos brancos secos, espumantes e vinhos adoçicados de sobremesa. Os vinhos bancos secos são encorpados e têm aromas que lembram maçãs.

É considerada parente próximo das uvas Savagnin e da Sauvignon Blanc. Na Austrália, é conhecida pelo nome Steen.

CILIEGIOLO

Uva tinta (cereja) muito plantada na Toscana, Itália. Há dois estudos sobre sua origem. O primeiro diz que a Ciliegiolo, em cruzamento com a Calabrese Montenuovo, seriam os pais da Sangiovese. O segundo estudo diz que a Ciliegiolo é filha da Sangiovese.

Seja como for, a relação entre elas é muito próxima. É uma uva difícil de cultivar e a cada ano diminui o número de seus vinhedos.

Na Toscana, seus vinhos são bem estruturados, mas há pouquíssima produção de monocastas.

A Ciliegiolo é autorizada, mas em pequena quantidade, no *blend* do vinho Chianti.

Na Úmbria, há produção de monocastas, mas que são considerados vinhos inferiores.

A uva é plantada na Sicília. Na Espanha, leva o nome de Aleático di Espanha.

CINSAULT

É uma uva tinta, plantada desde o século XVII na região do Languedoc-Roussillon, na França.

Acredita-se que seja uma uva nativa da região de Occitane, e seu nome seja uma palavra não identificada do dialeto local. Por ser muito plantada no norte da África, há uma teoria de que tenha sido trazida por navegantes ou mercadores do Mediterrâneo.

A Cinsault é uma uva

Uva Cinsault

muito resistente a secas.

É a uva mais plantada na Argélia, no Líbano e no Marrocos desde o século XIX.

É uma uva de casca fina, vermelho-escura, com cachos grandes e compridos, de alto rendimento e que se adapta muito bem a climas secos. É, no entanto, uma uva que exige maiores cuidados no cultivo.

Seus vinhos são encorpados e aromáticos. É mais utilizada em *blends* com Grenache, Carignan (Mazuelo), Syrah e Mourvèdre, principalmente para agregar aromas de frutas vermelhas e cor.

É muito plantada na África do Sul com o nome de Hermitage. O vinho Pinotage é um cruzamento da Pinot Noir com a Hermitage (Cinsault).

Na Austrália, leva o nome de Black Prince, e na Espanha, os nomes de Espagne e Málaga.

É a quarta uva mais plantada na França, principalmente nas regiões do Languedoc-Roussillon e Provence.

Na Puglia, na região de Brindisi, é a principal uva da DOC (Denominação de Origem Controlada) de Ostuni.

Uva Clairette Blanche

CLAIRETTE BLANCHE

Uva branca muito plantada nas regiões da Provence, Vales do Rio Rhône e Languedoc, na França.

É uma uva com alto teor alcoólico e baixa acidez, bastante utilizada na produção de vermutes.

Os tintos secos monocastas têm pouco corpo e se oxidam rapidamente. Produz vinhos de melhor qualidade em *blends* com a uva Piquepoul Blanc. Na África do Sul, é usada em espumantes.

É conhecida também como Bourboulena, Ugni Blanc, Blanquette, Gaillard Blanc, Cotticour e mais de 30 nomes.

COLOMBARD

Uva branca originada do cruzamento das uvas Chenin Blanc e Gouais Blanc.

É irmã das uvas Meslier e Saint-François, das regiões de Cognac e Armagnac, na Aquitânia. Em Bordeaux e na Gasconha, são autorizadas para a produção de vinhos aperitivos e conhaques.

Na Califórnia, Estados Unidos, com o nome de French Colombard, é amplamente utilizada para a produção de vinhos brancos vendidos em garrafões.

É plantada na África do Sul com o mesmo nome de Colombard.

AS PRINCIPAIS UVAS

COLORINO
É uma das uvas tintas utilizadas para compor, com a Sangiovese e a Canaiolo, os *blends* de vinhos tintos na Toscana. É originária da própria região.

Sua casca tem um vermelho bem escuro e seu nome decorre da função de agregar cor aos *blends*.

Menos aromática que a Canaiolo, está sendo, aos poucos, menos cultivada. É similar a Petit Verdot, e ambas são utilizadas em *blends* para dar um tom vermelho mais escuro aos vinhos.

Está sendo plantada também na região da Úmbria.

CORTESE, CORTESE BIANCO, CORTESE D'ASTI
Uva branca plantada em Alessandria, na região de Asti, na Itália.

É a uva branca oficial da DOC de Cortese dell'Alto, Monferrato e Tortona.

Há registros desta uva desde 1659.

Seus vinhos têm pouco corpo, aromas de cítricos, limão, acidez moderada, sabor leve e são muito apreciados em Gênova com pratos à base de frutos do mar.

É conhecida também como Bianca Fernanda.

CORVINA
É uma uva tinta cultivada na região do Vêneto, Itália, e muito importante na produção dos vinhos Valpolicella, Amarone, Recioto e Bardolino.

Esses vinhos são produzidos em *blends* com as uvas Corvinone, Rondinella e Molinara.

Uva de baixo rendimento, bagos pequenos, com pouco tanino e colheita tardia. Seu benefício está nas cascas grossas.

Confundida com a Corvinone, seu parentesco genético é com a uva Rondinella.

Seus vinhos são de corpo leve a médio, cor carmim, acidez elevada e aromas de amêndoa e cereja.

Uva Corvina

Uva Counoise

CORVINONE

É uma uva tinta cultivada na região do Vêneto e utilizada como *blend* na produção dos vinhos Amarone, Recioto, Valpolicella e Bardolino.

Uvas de bagos grandes, cachos em forma de pirâmide e amadurecimento tardio.

Acreditava-se tratar de um clone da Corvina, e seu nome é um aumentativo devido ao tamanho maior de seus bagos. Estudos genéticos mostraram ter diferentes origens.

Pelo fato de ser confundida com a Corvina, muitas vezes não é mencionada no *blend*.

No entanto, é a uva mais importante na composição do *blend*.

COUNOISE

Uva tinta escura, plantada nos vales do rio Rhône, na França. Possui poucos taninos, é vermelho-claro e tem boa acidez. É permitida sua utilização em pequena quantidade, de no máximo 5%, em *blends* com a Grenache e Syrah em Châteauneuf-du-Pape.

Conhecida também como Aubon, Conese, Damas Noir, Moustardier e Cow Noise.

DOLCETTO

Esta uva tinta é conhecida na região de Monferrato, Itália, desde o século XI.

Há registros de seu plantio em 1523 na vila Dogliani, em Cuneo, no Piemonte.

Atualmente, é muito cultivada nas regiões de Alba, Ovada e Dogliani.

É parente próxima da uva francesa Châlus e da italiana Valentino Nero.

Sua casca é vermelho-escura, com muito açúcar, tanino e com pouca acidez.

Seus vinhos têm pouco corpo, são bastante alcoólicos e de consumo rápido.

Os aromas lembram florais e ameixas.

Nas regiões do Barolo, Barbaresco e Roero, é considerado o vinho do dia a dia dos habitantes.

É muito plantada em várias regiões da Itália, com cerca de 80 nomes diferentes.

É cultivada na Austrália desde 1860, e atualmente também na Califórnia e no Brasil.

EDERENA

Uva tinta, cruzamento das uvas Merlot e Abouriou desenvolvido em 1952, no

AS PRINCIPAIS UVAS

Instituto de Pesquisas Agrícolas de Bordeaux.

Pouco plantada na França, seus monocastas são leves, têm pouco corpo e são bem aromáticos.

Há registros de plantações na Suíça e nos Estados Unidos.

EGIODOLA

Uva tinta, cruzamento das uvas Abouriou e Tinta Madeira (Negra Mole), muito plantada na Ilha da Madeira, em Portugal.

Segundo historiadores, o nome Egiodola é a junção de duas palavras bascas, *egiasko* e *odola*, que significam "sangue verdadeiro".

De colheita antecipada, seu vinho tem corpo médio, pouca acidez e é aromático. É plantada no Vale dos Vinhedos, no Rio Grande do Sul.

ENCRUZADO

Uva branca plantada na região do rio Dão, em Portugal.

Produz brancos secos encorpados, aroma florais e cítricos, notas de minerais, muito equilíbrio entre o açúcar, o álcool e a acidez. É um vinho branco de guarda.

Estagia muito bem em barricas de carvalho. Muito utilizada em *blends*.

É conhecida também como Salgueirinho.

FER, FER SERVADOU

Uva tinta do sudoeste da França, regiões de Gaillac, Marcillac, Bergerac e Madiran.

O nome Fer (ferro, em francês) se deve à dureza da uva.

Monocastas, são encorpados, cor vermelho-rubi escuro, aromas de frutas vermelhas, groselha, taninos suaves. Entra em *blends* com Malbec, Cabernet Sauvignon, Cabernet Franc e Merlot para agregar corpo e cor.

Não tem relação com a uva Fer da Argentina, que é um clone da Malbec.

Conhecida por Fer Noir, Béquignol, Camarouge, Plant de Fer, Saumances, Verron e outros 30 nomes.

Uva Fer ou Fer Servadou

Uva Fernão Pires

FERNÃO PIRES (MARIA GOMES)

Uva branca muito plantada nas regiões da Bairrada, Tejo e Ribatejo, em Portugal.

Seus vinhos brancos secos monocastas são bem estruturados, com aromas de frutas e pimenta. Não são vinhos de guarda e devem ser degustados em dois ou três anos.

Há plantações na África do Sul desta uva, levada por portugueses.

Conhecida também pelos nomes de Maria Gomes, Fernão Pirão e Gaeiro.

A uva Mencía, da Espanha, é conhecida em Portugal como Fernão Pires. Não há uma comprovação de que sejam a mesma uva.

FIANO

Esta uva branca era cultivada na Grécia e foi trazida pelos romanos para ser plantada nas regiões da Campânia, no sul da Itália, na Sicília e em Capri.

Segundo historiadores, a uva *Apiana* (*abelha*, em latim) era a uva do mítico vinho romano *Apianun*.

Muito doce, a uva atraía muitas abelhas. Com o tempo, seu nome mudou para Fiano.

É uma uva de casca fina, com grãos pequenos, pouco suco e baixo rendimento.

Seus vinhos brancos secos são amarelo-dourados, saborosos, longevos e muito aromáticos. Lembram mel e amêndoas.

Seus principais *blends* são com as uvas Falanghina, Malvasia, Trebbiano, Verdeca e Biancolella.

Na DOCG (Denominação de Origem Controlada e Garantida) em Avelino, região da Campânia, nos vinhos *Fiano de Avelino* é autorizado colocar nos rótulos uma referência ao mítico *Vino Apianun*.

A Fiano é conhecida também pelos nomes Minutolo, Foiano e Apiana.

AS PRINCIPAIS UVAS

FREISA

Uva tinta, plantada na Itália nas regiões de Monferrato, Asti e Langhe, no Piemonte, e mais ao norte em Torino e Biella.

No século XIX, era uma das uvas tintas mais plantadas nessas regiões. Sua origem é nas colinas entre Torino e Asti. Seu DNA mostra que tem uma relação de pai e filho com a Nebbiolo.

As cepas são vigorosas, com uvas redondas, casca azul-negro e um vermelho muito escuro. A colheita ocorre no mês de outubro. Produz vinhos tintos secos, espumantes e doces.

Suas uvas são apresentadas em duas variedades: Freisa Piccolo, que produz bons vinhos tintos secos. Assim como a Nebbiolo, tem altos níveis de taninos e acidez.

É utilizada em *blends* com Barbera, Sangiovese e Albarossa.

E Freisa Grossa com vinhos de menor qualidade. É pouco plantada em outros países. Há registros de seu plantio na Argentina.

GAMAY

É conhecida por ser a uva do vinho tinto Beaujolais.

É originária da vila de Gamay, ao sul de Beaune, onde já era plantada desde o século XIV. Há registros de vinhos com a uva Gamay no ano de 1360.

É uma uva fácil de cultivar, de alto rendimento, ou seja, produz muitos cachos e de amadurecimento antecipado.

Com isso, os produtores conseguem colocar mais rapidamente os vinhos no mercado.

Seus vinhos são de pouco corpo, com aromas que lembram frutas vermelhas.

Os Beaujolais devem ser consumidos no máximo em quinze meses.

É uma uva bastante plantada no Vale do Loire, na França.

No Brasil, alguns produtores estão fazendo experiências com esta uva.

GARNACHA

Estudiosos afirmam que esta uva era plantada na ilha da Sardenha há 3.200 anos, com o nome *de Vernaccia*. Foi levada para a Espanha e, com a distorção do nome, passou a ser chamada de *Garnacha*.

Não há outra explicação para esse nome.

A uva Vernaccia da Sardenha não tem nada a ver com o vinho doce Vernaccia de San Gimignano.

É a segunda uva mais importante da região de Rioja e a principal da região de Navarra.

Seus vinhos caracterizam-se pela alta dosagem alcoólica, pouca acidez, tanino e cor. Seus aromas lembram framboesa, cereja e pimenta.

Os principais *blends* são com Tempranillo, Graziano e Syrah.

É plantada em vários lugares com outros nomes: Aleante, Alicante, Navarra, Roussillon, Vernatxa, Tocai Rosso e Grenache.

Na ilha da Sardenha, tem o nome de Cannonau. Com a anexação à França da região do Languedoc-Roussillon, a uva passou a ser plantada na região do Rhône, onde atingiu toda sua exuberância, com o nome de Grenache. É cultivada também na Austrália e no Vale de Napa.

GARNACHA BIANCA, GRENACHE BLANC, CANNONAU BIANCA

É uma uva branca clone das mesmas variedades tintas.

É plantada no vale do rio Rhône, na França, e

Uva Gewürztraminer

no noroeste da Espanha.

Produz vinho branco seco com elevado teor alcoólico, baixa acidez e aromas de cítricos.

Devido à baixa acidez, deve ser consumido em dois ou três anos.

Na Sardenha é conhecida como Ogliastra.

GEWÜRZTRAMINER

Esta uva é uma variação da Savagnin Blanc, que na vila de Tramin, na região do Tirol italiano, é conhecida pelo nome de Traminer.

Seu nome *Gewürz* (perfume) e *Traminer* se deve ao fato de ser muito aromática.

Adapta-se muito bem a climas frios. Sua casca vai de um tom rosa a vermelho-claro. Possui muito boa acidez e açúcar. Os vinhos brancos secos e os brancos doces têm aromas com tons florais que lembram rosa e maracujá.

Seu cruzamento com a Trebbiano gerou a uva Manzoni Rosa.

Possui cerca de 120 diferentes nomes em todo o mundo. É a uva mais plantada na Alemanha.

É cultivada também em 16 países da Europa, África, Austrália, Nova Zelândia, Argentina, Brasil, Chile e em 15 estados americanos.

AS PRINCIPAIS UVAS

GLERA, PROSECCO

Se olhar no mapa, do outro lado do mar Adriático, espremida pela Eslovênia, há ainda um pedaço de terra, que pertence à Itália, e onde está a cidade de Trieste.

Logo ao norte de Trieste está a vila de Prosecco.

Segundo os historiadores, em 250 a.C. já se produzia ali um vinho com uma uva chamada Puccino.

Há registros de que Lívia, esposa do imperador romano Augusto, mãe de Tibério e bisavó de Calígula, considerava este vinho medicinal.

O nome da uva Prosecco apareceu pela primeira vez em 1593 em um trabalho de pesquisa do inglês Fynes Moryson, em que compara esta uva e o vinho com o Cinque Terre da Ligúria e o Muscadine da Toscana.

No texto, ele diz: "A uva Puccinum é também conhecida como Prosecho".

Em 1754, o nome da uva Prosecco, já com a grafia atual, apareceu em um livro do escritor Aureliano Ascanti, sendo plantada no Vêneto.

A verdade é que esta uva se adaptou muito bem ao *terroir* dessa região.

Uva Glera

No fim do século XX e início do século XXI, graças a uma boa combinação de preço e qualidade, o espumante Prosecco popularizou-se na Inglaterra, em substituição ao champanhe da França, então considerado muito caro.

Essa tendência se expandiu para vários outros países em todo o mundo, inclusive para o Brasil.

Com a criação da DOC e DOCG (Denominação de Origem Controlada e Garantida), só os espumantes produzidos no Vêneto poderiam ser chamados de Prosecco.

Alguns produtores internacionais, inclusive no Brasil, utilizaram uma artimanha: colocaram no rótulo a palavra "Espumante" em letras pequenas e o nome da uva PROSECCO em letras grandes.

Em 2010, os controladores da DOCG do Vêneto mudaram o nome da uva para Glera, mantendo Prosecco como o nome do espumante.

Glera era um dos nomes pelos quais a uva Prosecco era conhecida no Vêneto.

É uma uva com boa quantidade de açúcar, mas baixa acidez, o que faz com que os espumantes Proseccos não sejam longevos, devendo ser consumidos em no máximo quinze meses.

A uva Glera é plantada hoje na Itália, na Eslovênia, na Argentina, na Austrália e no Brasil.

GOETHE

É o cruzamento da uva Muscat Hamburg com a italiana Schiava, desenvolvido no século XIX pelo estudioso Edward Staniford Rogers, em Salem, Massachusetts, nos Estados Unidos.

Rogers homenageou o poeta e escritor alemão Johann Wolfgang Goethe.

É uma uva híbrida que precisa da polinização de uma outra uva para produzir.

Foi trazida para o Brasil e difundida entre os imigrantes da região de Urussanga, na Serra Catarinense.

É plantada também em Pedras Grandes, Cocal do Sul e Morro da Fumaça, também em Santa Catarina. Mas a principal referência é a cidade de Urussanga, que promove o Festival de Vinhos da Uva Goethe a cada dois anos.

São produzidos vinhos brancos secos e espumantes brut, demi-sec, pelos métodos Charmat e tradicional.

No momento há na região cerca de 10 cantinas, que exportam uma pequena quantidade para os Estados Unidos, mas o consumo maior é mesmo local.

Os produtores encontram muitas dificuldades na distribuição pelo Brasil, devido à grande concorrência com os produtos de Bento Gonçalves, Caxias do Sul e Garibaldi.

GOUAIS

É a ancestral de um grande número de uvas brancas da Alemanha e da França.

É a mãe da uva Chardonnay. Segundo a história, ela foi trazida da Croácia pelo imperador romano Marco Aurélio (121-180) e foi plantada em várias regiões da Europa. Desapareceu na Alemanha e na França na Idade Média.

É encontrada ainda em alguns vinhedos na Suíça.

Na Austrália, é plantada há cem anos pela Chambers Rosewood Winery.

Entre suas descendentes estão as uvas Chardonnay, Aligoté, Auxerrois, Gamay Blanc e Sacy.

GRACIANO

É uma das cinco uvas tintas autorizadas na DOC (Denominação de Origem Controlada) de Rioja, na Espanha.

Sua origem é a própria região de Rioja.

É uma uva tardia, que amadurece no fim de outubro, difícil de cultivar e propensa a doenças.

Muitas vezes, quando o frio do outono chega mais cedo, a uva não amadurece, e acaba-se perdendo tudo o que se plantou.

Segundo os moradores locais, seu nome é justamente por ser tardia e oferecer riscos. Quando perguntavam se alguém ia plantar a uva, respondiam: *"Gratias, no!"*

Tem muito baixo rendimento, por isso os viticultores de Rioja preferem plantar mais Tempranillo e Garnacha.

O governo espanhol tem oferecido subsídios para manter esta casta viva.

Sua casca tem um vermelho escuro e forte.

Seus vinhos são ricos em acidez, taninos e aromas. Destacam-se também por serem longevos.

É utilizada em *blends* com a Tempranillo e a Garnacha, principalmente para agregar cor e aromas, que lembram hortelã, frutas vermelho-escuras e minerais.

Segundo especialistas, consegue-se identificar os aromas da Graciano em um *blend* mesmo que seja em pequena quantidade.

AS PRINCIPAIS UVAS

Várias vinícolas na região de Rioja e Navarra estão produzindo com a Graciano muito bons varietais.

Na Austrália, se produzem monocastas e *blends* com a Tempranillo.

É cultivada na Argentina e no Oregon, Estados Unidos.

Na Califórnia, é conhecida pelo nome de Xeres. Em Portugal, como Tinta Miúda e Tinta do Padre Antônio.

GRECHETTO, GRECHETTO BIANCO

Uva branca, originária da Grécia, muito plantada na região de Valdichiana, no Vale de Chiara, na Itália. É cultivada também em Arezzo e Sena, na Toscana, e em Perúgia e Terni, na Úmbria.

Uva de colheita tardia, com casca grossa, baixo rendimento e alto teor de açúcar, é utilizada para vinhos de sobremesa mais adocicados. É a uva do **Vino Santo**.

Nos vinhos brancos, é colocada em *blends* com Chardonnay, Malvasia, Trebbiano e Verdella para agregar corpo e estrutura.

Nomes pelos quais também é conhecida: Greca del Piemonte, Grechetto di Todi, Greco Bianco, Greco Gentile, Porciúnculo Bianco e Uva di San Marino.

GRECO, GRECO NERO, GRECO BIANCA

Todas as uvas são plantadas no sul da Itália.

Há referências mais frequentes sobre a uva branca. Teria sido introduzida por colonizadores gregos, há 2.500 anos.

É considerada a ancestral da maioria das uvas brancas da Itália.

Produz vinhos brancos secos, encorpados e com aromas de pêssego e folhagens verdes.

Seus principais *blends* são com as uvas Trebbiano, Chardonnay, Malvasia e Bombino Bianco.

Produz também na Calábria ótimos vinhos de sobremesa, no estilo *Passito*.

Com a Bombino Bianco entra no *blend* do tradicional vinho *Lacryma Christi*, do Monte Vesúvio.

Na Catânia, a uva Greco Bianca é utilizada na produção de espumantes.

Os vinhos de sobremesa com a uva Greco são considerados os melhores da Itália.

GRENACHE

É a mesma uva Garnacha da região de Rioja, na Espanha, que atingiu toda sua exuberância em Châteauneuf-du-Pape, Tain-l'Hermitage e Tournon-sur-Rhône.

Foi levada para França na época da anexação da região do Languedoc-Roussillon.

Adaptou-se muito bem aos *terroirs*, sendo plantada em solos de argila, pedregulhos e pedras.

Uma de suas importantes características é a firmeza dos troncos e galhos, que resistem bem ao vento, principalmente ao Mistral, que sopra vindo dos Alpes.

Em Châteauneuf-du-Pape é a principal uva, e seu principal *blend* é com a Syrah, sendo a Grenache sempre a dominante.

Uma das maiores atrações são os *blends* de *terroirs*. A mesma uva Grenache, proveniente de diferentes solos, de pedregulho, pedra e argila.

Seus vinhos são de corpo médio a encorpado, com perfeito equilíbrio em tanino, dosagem alcoólica e cor.

Seus aromas lembram frutas vermelhas, framboesa, cereja, ervas e pimenta.

Foi a primeira uva plantada na Austrália, no século XVIII, e durante muitos anos foi a mais cultivada naquele país. A partir de 1960, a uva Syrah tomou sua posição.

Na ilha da Sardenha, é plantada com o nome de Cannonau.

 **GRIGNOLINO**

Uva tinta da região de Monferrato, no Piemonte, Itália. É cultivada em Asti, Monferrato, Casale, Piemonte, e nos Estados Unidos, no Vale de Napa.

Grignole, no dialeto piemontês, significa muitas "pips" — muitas sementes. Sua prensagem deve ser lenta e cuidadosa, devido ao número de sementes. Os cuidados são tomados para não agregar ao mosto os sabores amargos dos taninos das sementes.

Ideal para vinhos leves, ligeiros e rosés. Os aromas são frutados, com acidez e taninos fortes.

É conhecida também pelos nomes de Balestra, Girondino, Nebbiolo Rosato, Rosetta, Verbesino e outros 20 nomes.

Uva Grignolino

 INZOLIA, ANSONICA (SICÍLIA), INZOLIA TOSCANA (TOSCANA)

É a uva branca dos famosos vinhos Marsala, secos e doces. O aroma característico é o de nozes.

Na Sicília leva o nome de **Ansonica**. No extremo sul da Toscana e na ilha de Giglio, no mar Tirreno, leva o nome de **Inzolia Toscana**.

Outros nomes conhecidos são Ansonia, Inselida, Inzaria, Soria, Zolia Bianca e mais 20 nomes.

 JAMPAL (Redescoberta por um brasileiro)

Uva branca portuguesa pouco conhecida, frágil, de baixo rendimento e que era considerada extinta.

Há alguns anos, o brasileiro **André Manz** adquiriu uma propriedade na freguesia de Cheleiros, perto de Lisboa e Sintra, que incluía um vinhedo de uvas brancas, abandonado.

Pesquisando, descobriu que era a uva Jampal, até então considerada extinta.

Estimulado pela descoberta, produziu com a uva Jampal um vinho branco seco, aromático, com acidez firme e que remete ao Chenin Blanc.

O nome do vinho, Dona Fátima, é uma homenagem à sua sogra.

Nos dias atuais, a ManzWine produz vinhos com as uvas Castelão, Touriga Nacional e Aragonez. Atende regularmente o enoturismo.

AS PRINCIPAIS UVAS

 LAMBRUSCO
Pesquisas arqueológicas comprovaram que esta uva já era cultivada pelos etruscos em 300 a.C.

Era considerada pelos romanos uma uva de alto rendimento.

O historiador romano Cato, o Velho, dizia: "2/3 de hectare desta uva dá para encher 300 ânforas!".

Seus vinhedos produzem muitos cachos e uvas com bastante suco.

Muito cultivada na região da Emilia-Romagna, é a principal uva do *frizante* que leva seu nome, Lambrusco.

É um espumante levemente adocicado que, entre 1970 e 1980, foi o vinho mais importado pelos Estados Unidos.

É muito plantada nos entornos das cidades de Módena, Parma e Reggio Emília.

Na região, há seis variedades da mesma uva, que não são clones entre si. São seis variedades da uva Lambrusco, todas elas nativas e com muito açúcar.

No *blend* do Lambrusco, a uva Lambrusco contribui com 85%. Os 15% restantes são complementados com as uvas Lancellotta, que agrega a cor; Cabernet Sauvignon, que agrega corpo e estrutura; Marzemino e Malbo Gentile.

Os vinhos brancos secos, produzidos com a uva Lambrusco, são encorpados, com aromas que lembram morango.

É cultivada na Austrália e na Argentina.

 LOUREIRO, LOUREIRA, LOUREIRO BIANCO
Uva branca plantada nas regiões da Galícia, na Espanha, e do Minho, em Portugal. Nos vales do rio Lima, em Portugal, é utilizada na produção do vinho verde.

Produz vinhos brancos secos com elevada acidez, aromas minerais, florais e frutados.

É utilizada para *blends* em vinhos brancos secos, com as uvas Arinto e Trajadura.

 MADELEINE ROYALE
Uva branca para fins ornamentais. De acordo com estudos genéticos, seu cruzamento com a uva Riesling gerou a uva Müller-Thurgau.

Uva Lambrusco

MALBEC

Acredita-se que esta uva tinta tenha resultado de cruzamento de uvas da própria região de Occitane, nos Pirineus franceses.

Há duas histórias sobre a origem do nome Malbec.

A primeira: um imigrante húngaro de sobrenome Malbec, ou Malbeck, teria plantado e difundido esta uva na região de Cahors, e por isso passaram a referir-se a ela pelo seu nome.

A segunda versão é que seria uma uva plantada no século X com o nome de Côt, sendo mais utilizada em *blends*, para acrescentar cor e álcool. Os monocastas eram encorpados e amargos.

Segundo o pessoal de Bordeaux, de onde saíam as exportações, chamavam-na de *mal bouche* (faz mal na boca), daí derivando o nome Malbec.

É a uva mais importante da DOC (Denominação de Origem Controlada) de Cahors, onde representa 70% dos vinhedos.

Sua casca é vermelho-escura e os taninos são robustos. Seus monocastas são encorpados e os melhores *blends* são com Merlot, Cabernet Franc, Cabernet Sauvignon e Gamay.

Uva Malbec

Em outras regiões na França, é conhecida como Auxerrois ou Côt e Côt Noir. Hoje se sabe que a Malbec é da mesma família das uvas Tannat e Négrette.

60% dos vinhedos no mundo estão na Argentina, para onde foi levada no século XIX pelo agrônomo francês Michel Aimé Pouget.

Em meu livro *Viagens Vinhos História*, há uma narrativa detalhada da introdução da cultura da uva Malbec em Mendoza, pelo monsieur Pouget.

É plantada na Austrália, Nova Zelândia e Baixa Califórnia.

No Vale dos Vinhedos, no Brasil, alguns produtores estão fabricando vinhos muito bons com a uva Malbec.

AS PRINCIPAIS UVAS

Uva Malvasia

 MALVASIA
É originária da Grécia. Há duas explicações para o nome. Seria derivado de Monemvasia, um forte na Lacônia, Grécia, que os italianos chamavam de Malvasia.

Ou então de Malevizi, uma cidade na ilha grega de Creta.

Tem a casca cor-de-rosa e, por ser muito aromática, é utilizada mais em *blends*, para agregar aromas de frutas.

É conhecida por vários nomes, como Malvasia Bianca di Candia, Malvasia Nera, Malvasia Fina, Malvasia Rei e Malvasia Trincheira, entre outros.

 MAMMOLO
Uva tinta plantada na região da Toscana cujo nome vem de "mamole" (violeta).

É utilizada em *blends* para agregar a cor violeta nos vinhos Chianti e Vino Nobile, de Montepulciano. Acredita-se ser a mãe das uvas da Ligúria, Pollera Nera e Colombana Nera.

Nomes pelos quais também é conhecida: Mammola Minuto, Mammola Asciutto, Mammolone di Lucca, Mammolo Tondo e mais 20 nomes.

 MARIA GOMES
Uva branca da região da Bairrada, em Portugal. Veja a descrição em Fernão Pires.

MARSANNE
É uma uva branca originária da região do rio Rhône, na França, e que era muito cultivada na Abadia de Marsanne, daí seu nome.

É a uva branca mais plantada nas regiões de Tain-l'Hermitage, Tournon, Crozes-Hermitage e Saint Joseph, todas às margens do rio Rhône.

Nessas regiões é autorizada a inclusão de 15% desta uva nos *blends* dos vinhos tintos.

É muito utilizada em *blends* com a uva Roussanne, para os vinhos brancos secos. A casca é rosada e tem boa acidez e taninos.

Os vinhos, de uma cor amarelo-púrpura, são ricos, encorpados, com alta dosagem alcoólica e aromas que lembram pimenta e pera.

Quando colocados a estagiar em barricas de carvalho, ganham corpo, longevidade e adquirem uma coloração amarela mais escura.

Na Suíça, é utilizada na produção de brancos secos e espumantes.

É cultivada na Austrália, na Nova Zelândia,

no Canadá e nos Estados Unidos.

Na região de Occitane, no sul da França, tem o nome de Drôme.

Não é uma uva autorizada oficialmente na região de Châteauneuf-du-Pape.

MARSELAN

É uma uva tinta, cruzamento da Cabernet Sauvignon com Grenache, criada em 1961 para produzir uvas de alto rendimento, pelo ampelógrafo Paul Truel, na pequena cidade de Marseillan, na França.

Produz grandes cachos com uvas pequenas. Seus vinhos têm cor vermelha intensa, corpo médio, são aromáticos, com taninos suaves e potencial de guarda.

Utilizada para monocastas e *blends*. O primeiro monocasta foi produzido em 2002, em Carcassone.

Seus principais *blends* são com as uvas Arinarnoa, Egiodola e Malbec.

Recentemente, foi autorizada a entrar em *blends* nos vinhos de Bordeaux.

Na França, é cultivada em Languedoc, Bordeaux e vale do Rhône.

É cultivada também na China, na Argentina, no Brasil, na Espanha, na Suíça e nos Estados Unidos.

MARZEMINO

É uma uva tinta muito plantada no entorno de Isera, na região do Trentino, no Tirol italiano.

Existem lendas sobre sua origem, inclusive a de que foi trazida por guerreiros e sobreviventes das Guerras de Troia.

No entanto, estudos recentes do DNA mostraram que sua origem é a vila San Michele all'Ádige, no vale do rio Ádige, em Trentino.

Há registros de que é plantada na região desde 1553.

Ela é irmã da Marzemina Bianca, do Vêneto, e parente muito próxima das uvas Pedúnculo Rosso e Teroldego, da região de Friuli-Venezia Giulia.

É muito plantada também na Lombardia, Veneza, Vêneto e em todo Trentino.

A uva e seu vinho ficaram muito famosos no século XVIII, por sua citação na ópera *Don Giovanni* (Dom Juan), de Wolfgang Amadeus Mozart.

Em um momento importante da história, o personagem principal, Don Giovanni, pede um copo de vinho: "*Versa il vino! Eccellente Marzemino*".

Segundo historiadores, Mozart conheceu esse vinho em uma das suas turnês pelo norte da Itália.

É uma uva de colheita tardia, que exige um tempo maior no cultivo, e é suscetível a fungos e doenças.

Os vinhos tintos secos são de boa acidez e aromas, que lembram grama verde, cereja e frutas vermelhas.

O Trentino é o lugar onde produzem, principalmente, os vinhos monocastas com a Marzemino.

Seus principais *blends* são com as uvas Barbera, Groppello, Sangiovese e Merlot.

O cruzamento da Marzemino tinto com a Garganega (Trebbiano) gerou a Marzemina Bianca.

No Vêneto, a uva Marzemina Bianca é utilizada na produção de espumantes.

Em *blends* com as uvas Glera e Verdiso, produz um licoroso Passito.

AS PRINCIPAIS UVAS

MENCÍA

É uma uva tinta muito plantada em Bierzo, Ribeira Sacra e Valdeorras, em Castela e Leão, na Espanha.

É uma uva que requer solo bem fértil. Seus vinhos são de pouco corpo, muito aromáticos e de consumo rápido.

Recentemente, tem sido muito procurada por novos e jovens enólogos, principalmente de vinhedos antigos, para a produção de tintos complexos.

Segundo o Departamento de Viticultura da Universidade de Madrid, a uva Mencía é a mesma Jaen, do Dão, em Portugal.

MERLOT

Há registro desta uva desde o século XVIII. Originária da região do Médoc, no estuário do Gironde, acredita-se ter como mãe uma antiga casta de nome Madeleine.

A uva Madeleine era de colheita antecipada e muitas vezes amadurecia ao redor de 22 de julho, dia de Santa Maria Madalena.

O nome Merlot vem da cor escura da sua casca. Merlot é o diminutivo do pássaro *merle* (melro, *black bird*), um pássaro preto. Em alguns lugares, referem-se à uva Merlot como *dark blue*.

Seu vinho é de corpo médio, muito frutado, bem equilibrado. Produz ótimos monocastas e, pela versatilidade, é muito utilizada em *blends*.

Uva de alto rendimento, amadurece antes da Cabernet Sauvignon.

É a terceira uva mais plantada no mundo e uma das principais castas de Bordeaux, Chile, África do Sul e Vale de Napa.

No Brasil, é a uva oficial da DOC (Denominação de Origem Controlada) do Vale dos Vinhedos.

Em algumas regiões da Europa, é chamada de Bordo.

A Merlot Blanc é um cruzamento da Merlot com a Folle Blanche.

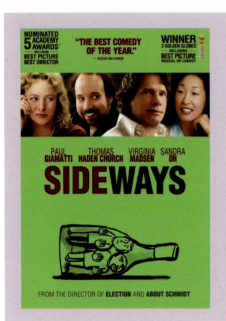

No filme *Sideways*, o personagem principal se recusa a beber um vinho Merlot, fazendo críticas à uva.

O filme se tonou *cult*, e os produtores de Merlot afirmam que, no período em que esteve em evidência nos Estados Unidos, houve queda de 30% nas vendas do vinho.

Os especialistas em vinhos, por sua vez, criticam o fato de que, no fim do filme, esse mesmo personagem degusta com muito prazer um Cheval Blanc, que tem em seu *blend* Merlot e Cabernet Franc.

Falta de conhecimentos do diretor, ou erro de continuidade na filmagem.

Uva Merlot

MOLINARA

Uva tinta cultivada na região do Vêneto. Com as uvas Corvina, Corvinone e Rondinella, participa do *blend* dos vinhos Valpolicella, Amarone, Recioto e Bardolino.

É uma uva utilizada exclusivamente em *blends* porque seus vinhos têm propensão a uma rápida oxidação.

Sua participação no *blend* dos vinhos do Vêneto é pequena.

Ocasionalmente, é utilizada em *blends* com a Merlot na produção de rosés.

MONTEPULCIANO D'ABRUZZO

Há uma lenda de que esta uva foi introduzida por Aníbal, o Conquistador, que durante uma parte do século III dominou esta região na Itália.

Aníbal, o cartaginês, é considerado um dos maiores estrategistas militares de todos os tempos.

É a uva tinta mais importante das regiões vinícolas de Áquila, Ferrara e Terrano.

Seus vinhedos adaptam-se melhor a terrenos altos, com argilas, pedras e pedregulhos.

Os vinhos são de um vermelho-escuro, tânicos, com pouca acidez e aromas que lembram frutas vermelhas e pimenta.

É um excelente vinho tinto para harmonizar com comidas.

Foi, durante muitos anos, o vinho mais exportado pela Itália para o resto do mundo, inclusive para o Brasil.

A uva é cultivada na Argentina, no Brasil, na Califórnia e na Austrália.

MORETO

É uma uva tinta mais cultivada nos entornos de Reguengos e Redondo na região do Alentejo, em Portugal. Há registros que sua introdução tenha sido no Século XIX. É uma uva bem produtiva e de maturação tardia. Seus vinhos são pouco encorpados e com pouca cor.

Os *blends* são principalmente com as uvas Trincadeira e Aragonez, que agregam corpo e cor.

Conhecida também como Arruya, Castelão, Moreto do Dão e Tinta de Alter.

AS PRINCIPAIS UVAS

MOSCATEL
É uma uva originária do Egito ou da Grécia, com muito açúcar, e utilizada para vinhos de sobremesas e adocicados. É considerada também uma uva de mesa.

Nos Estados Unidos, ao término da Lei Seca, em 1933, com a falta de uvas, a Moscatel foi usada para vinhos de baixa qualidade. Hoje, não mais.

MOSCATO, MUSCAT
Acredita-se que existem mais de 200 variedades da uva Moscato/Muscat no mundo.

Sua origem é o Egito ou a Pérsia (Irã), por volta de 3.000 a.C.

Foi disseminada pelos gregos e romanos e hoje está plantada em praticamente todo o mundo.

Há várias explicações para seu nome.

Muscat é uma pequena cidade em Oman, onde a uva era plantada na antiguidade.

Na Grécia, esta uva é cultivada no entorno de uma cidade com o nome de Moschato, ao sul de Atenas.

Os italianos dizem que a uva se chama Moscato por ser muito doce e atrair muitas moscas.

Com o tempo, por ser plantada em várias regiões e em diversos *terroirs*, foi adquirindo características próprias.

A moscato branca é mais plantada na Áustria, Bulgária, Romênia, Croácia e Sérvia.

A moscato amarela é mais comum na Itália, principalmente no Piemonte e Asti.

A moscato rosa (pink) predomina na Rússia, França, Alemanha e Estados Unidos.

Seus vinhos monocastas e *blends* são encorpados e com boa dosagem alcoólica.

Seus aromas lembram frutas vermelhas, terra e baunilha.

Outros nomes pelos quais é conhecida: Moscato Giallo, Moscato di Asti, Moscato di Triani e Yellow Muscat.

No Brasil, vários produtores estão utilizando a Moscato em seus vinhos.

Uva Moscato amarela

MOURVÈDRE

Os primeiros registros desta uva são da região de Valência, na Espanha, com o nome Murviedro.

Consta que foi introduzida pelos mercadores fenícios por volta de 500 a.C.

Acredita-se que tenha sido levada da Espanha, com a Garnacha, quando a região do Roussillon passou para o domínio francês.

Posteriormente, foi muito plantada na região do rio Rhône, principalmente na Provence.

É uma uva tinta com bastante tanino e açúcar. Exige muito sol, calor e água. Seus vinhos monocastas têm grande dosagem alcoólica e aromas frutados.

É plantada na Califórnia, África do Sul e Austrália. A Austrália, especificamente, produz um excelente vinho tinto usando um *blend* com as uvas Grenache, Syrah e Mourvèdre. Esse vinho foi popularizado pela sigla GSM.

MÜLLER-THURGAU

Uva branca, é um cruzamento das uvas Riesling e Madeleine Royale, produzido pelo

Uva Müller-Thurgau

botânico e enólogo Herman Müller em Thurgau, na Suíça.

Seus vinhos brancos secos são macios, frutados e com baixa acidez.

Muito sensível ao frio, a uva era muito plantada na Alemanha e na região da Alsácia, mas, em 1979, um frio intenso dizimou vinhedos e uvas.

A uva Riesling, apesar do frio rigoroso, sofreu poucas perdas e danos. Foi então que os produtores decidiram optar pela expansão do cultivo da Riesling.

A Müller-Thurgau ainda é plantada em pequena escala nessas regiões.

É cultivada também na Austrália, na Nova Zelândia, nos Estados Unidos, no Japão e na China.

AS PRINCIPAIS UVAS

MUSCADELLE
Sua origem é um cruzamento da uva Gouais e uma outra não identificada.

Apesar de ter algumas características das uvas Muscat, não faz parte da mesma família.

Ela participa com baixa porcentagem em *blends* de vinhos licorosos de Bordeaux e Sauternes, nos quais a Sémillon e a Sauvignon Blanc são as mais utilizadas.

Com a Sauvignon Blanc e outras uvas, participa do *blend* do vinho licoroso *Tokaji*, da Hungria.

Na Austrália, além dos vinhos brancos secos, é utilizada para o vinho Topaque, considerado similar ao *Tokaji* da Hungria.

Seu plantio caiu bastante a partir de 1990.

MUSCARDIN
Uva tinta plantada no vale do rio Rhône, na França. É uma das 13 uvas tintas autorizadas para *blends* na região de Châteauneuf-du-Pape.

Seus vinhos são de pouco corpo, vermelho mais claro, com alta acidez, aromas florais e taninos suaves.

É parente da uva Mondeuse Noire, da região de Savoy, na França.

Uva Nebbiolo

NEBBIOLO
É a principal uva das regiões do Barolo, Barbaresco e Roero e é conhecida há vários séculos na região do Langhe, no Piemonte.

É uma uva extremamente tardia. A colheita ocorre no fim do mês de outubro e início de novembro.

Nesse período, meados do outono, nas manhãs e nos fins de tarde já há uma névoa (*nebbia*) cobrindo os vinhedos, daí o nome *Nebbiolo*.

Sua casca é grossa, tom vermelho-escuro e com bastante tanino. Seus vinhos são encorpados, de vermelho intenso e aromas que lembram ervas, cereja, framboesa, trufas, tabaco e ameixa.

Em todo o mundo, mas principalmente na Itália,

é conhecida por cerca de 30 diferentes nomes.

A maioria de seus vinhos é monocasta, mas em algumas regiões são produzidos *blends*, sobretudo com Barbera, Bonarda, Merlot, Pugnola e Rossola.

A região do Langhe, alta, úmida e fria, apresenta um *terroir* perfeito para que a Nebbiolo atinja toda sua exuberância.

No Brasil, é plantada na Serra Sudeste e no Vale dos Vinhedos. Alguns produtores estão produzindo bons monocastas com a Nebbiolo.

Degustei um excelente vinho produzido pelo consagrado Vilmar Bettú, em Garibaldi.

NEGROAMARO

É a principal uva da Puglia, na Itália. Há duas interpretações para a origem do nome.

Negro Amaro (*amargo*, em italiano) ou então *Negro Mavru* (*negro*, em grego arcaico). A uva tem um vermelho bem escuro.

Há várias teorias para a origem da uva, mas a mais aceita é que foi trazida no século VII a.C. por imigrantes vindos dos Bálcãs.

Bálcãs é a península onde se situam a Albânia, a Bulgária, a Croácia, a Bósnia e a Grécia, entre outros países.

Negroamaro é uma das castas mais antigas da Itália e da Europa.

Tem como características o alto rendimento, é abundante, produz um número generoso de cachos, tem casca bem escura, muito tanino, com alta concentração de polifenóis, principalmente taninos, resveratrol, ácidos fenólicos e anticianinas.

Considerada, ao lado da Tannat (da França), Baga (da Bairrada, Portugal) e Sagrantino (da Úmbria, Itália), entre as uvas mais tânicas e antioxidantes.

Solo ideal de argila e calcário, clima quente e árido, com grande amplitude térmica.

Nessas condições, o teor alcoólico é bem alto, de 16° a 18°.

Em virtude da alta concentração de polifenóis, requer mais tempo nas barricas de carvalho para amaciar os taninos.

Vinho potente, muito encorpado, vermelho intenso, aromas florais e frutados.

Harmoniza com carnes, massas, queijos maduros e temperos fortes. Ideal para quem aprecia vinhos encorpados e intensos.

No Salento, sul da Itália, há muitas opções de vinhos Negroamaro monocastas, com todas as características que descrevi.

São produzidos também ótimos *blends* com as uvas Malvasia Nera, Sangiovese e Montepulciano.

NERELLO CAPPUCCIO, MASCALESE

Uva tinta plantada na Sicília e na Sardenha, com o nome de Nerello Cappuccio. Na Catânia, leva o nome de Mascalese.

É uma das três uvas para o *blend* do vinho *Corvo Rosso*, da região do Etna Rosso DOC.

Estudos de DNA mostram uma grande proximidade com a uva Sangiovese.

Acredita-se que a Nerello seja um cruzamento da Sangiovese com uma uva não identificada.

Nos *blends*, agrega cor e álcool. Seus vinhos monocastas são encorpados, vermelho-rubi, aromas frutados de frutos vermelhos silvestres, muito aromáticos, com nuances florais, de tabaco e pimenta e tanino persistente.

AS PRINCIPAIS UVAS

Uva Nero di Troia

NERO DI TROIA

Uva tinta muito plantada no entorno das cidades de Castel del Monte, Andria, Barletta e Troia, na região de Foggia, na Puglia, Itália.

Segundo a lenda, esta uva foi trazida por Diomedes, guerreiro sobrevivente da Guerra de Troia. Mas, por suas características, esta uva é originária da região dos Bálcãs e foi trazida há alguns séculos por imigrantes.

Possui uma cepa vigorosa, forte, com rendimento muito alto, cachos e bagos grandes e compactos. Amadurece no meio da estação.

Seus vinhos são bem encorpados, vermelho-escuro, com muita acidez e álcool.

Os monocastas são bem potentes e longevos.

Nero di Troia, Baga, Tannat e Negroamaro são uvas com muita acidez e longevidade.

Até há pouco tempo, os vinhos monocastas Nero di Troia eram considerados de baixo nível por ser muito potentes e encorpados.

Com as novas técnicas de enologia, há produção de vinhos monocastas mais suaves e agradáveis ao paladar.

É utilizada em *blends* com as uvas Bombino Nero, Montepulciano e Sangiovese.

OSELETA

Uva tinta, rara, plantada no Vêneto, na região de Valpolicella, no entorno do Lago de Garda.

De cachos e bagos pequenos, devido ao seu baixo rendimento, tem declinado o número de vinhedos plantados.

Tem sido substituída pela Corvina, Corvinone e Rondinella.

É colocada em pequena quantidade em *blends* do vinho Valpolicella.

PEDRO XIMÉNEZ, PX

É uma uva branca espanhola propícia a vinhos licorosos e brancos secos. É a uva do vinho licoroso **Xerez**, da região de Jerez de la Frontera.

É muito plantada na DO Montilla-Moriles, no centro da Andaluzia, entre as cidades de Málaga e Córdoba.

Sua origem é incerta, mas pode ter sido trazida para a Espanha pelo holandês Pieter Siemens, ou seu nome pode ter sido de um soldado ou um cardeal católico que tinha o mesmo nome.

É uma uva de alto rendimento, com cachos grandes, bagos arredondados, casca muito fina e com alto nível de açúcar.

Adapta-se muito bem a climas secos e quentes.

O licoroso Xerez é um vinho adocicado, fortificado, que é produzido com a adição de aguardente vínico, como o vinho do Porto, Marsala e Madeira. A dosagem alcóolica varia de 18% a 22%.

Em algumas regiões, utiliza-se o sistema de secagem ao sol para aumentar o teor alcóolico, como é o Recioto, no Vêneto, ou então pelo sistema de soleira.

O sistema de soleira foi criado pelos espanhóis e portugueses para envelhecimento do vinho. Consiste na utilização de um conjunto de barris empilhados. A bebida armazenada há mais tempo fica estocada nos barris de baixo, daí o nome *solera*, do espanhol.

Após o período estabelecido de envelhecimento, para o engarrafamento são utilizadas sempre em primeiro lugar as bebidas dos barris de baixo. Saindo os barris de baixo, automaticamente os barris de cima descem na pilha, e assim sucessivamente.

Os vinhos licorosos e doces são produzidos secos e meio secos.

Harmonizam com doces, presuntos crus, salames, chorizos, queijos especiais e queijo de cabra, respectivamente.

A uva Pedro Ximénez ou PX, como também é conhecida, é muito utilizada em *blends*.

> **Em Mendoza, na Argentina, o enólogo Francisco Fraguas, da Bodega Torreleones, produziu um vinho branco seco extraordinário, com um *blend* de Chenin Blanc e Pedro Ximénez. O vinho Entreamigos, Alianza de Blancas 2020, é uma feliz combinação entre castas francesas e espanholas.**

A Pedro Ximénez é plantada na Austrália, na Nova Zelândia, no Chile, no Uruguai e nos Estados Unidos. No Alentejo, em Portugal, é cultivada com o nome de Perrum.

Uva Pedro Ximénez

AS PRINCIPAIS UVAS

PETIT VERDOT

Apesar do nome, é uma uva tinta cultivada na região de Bordeaux desde o século I. Por suas características, acredita-se que tenha vindo de uma região mais quente.

Seu nome ao pé da letra significa Pequeno Verde. Pode ser pelo fato de apresentar ao amadurecer alguns grãos verdes misturados com grãos maduros.

Por ser uma uva de colheita tardia, o tempo maior do amadurecimento proporciona um aumento nos taninos, nos aromas e na cor.

É muito utilizada nos *blends* com Cabernet Sauvignon, Cabernet Franc e Merlot, para agregar suas principais características, principalmente a cor.

É plantada na Argentina, na Austrália, no Chile, no Peru, na Itália, em Portugal e nos Estados Unidos. Em lugares com clima mais quente, sua colheita é antecipada e produz ótimos monocastas.

Na Itália, é muito plantada no entorno do vulcão Etna, dando vinhos excepcionais.

PINOT BLANC, PINOT BIANCO

É uma mutação da

Uva Pinot Blanc

uva Pinot Noir.

O nome Pinot se deve ao fato de seu cacho ter o formato do fruto do pinheiro (*pine*). *Blanc* em francês é branco.

É muito plantada no mundo inteiro e utilizada na produção de vinhos brancos secos e espumantes.

É a segunda uva mais importante na produção do champanhe, nas regiões de Épernay e Reims.

A uva mais importante é a Chardonnay.

Na Borgonha e na Alsácia-Lorena, é utilizada para espumantes e brancos secos.

Nas regiões da Alemanha, Itália, Hungria, Áustria, República Checa e Eslováquia, são produzidos vinhos brancos secos encorpados.

Possui alta acidez e aromas que lembram maçãs, frutas cítricas e florais. Seu principal *blend* é com a uva Auxerrois Blanc.

Muito plantada no Canadá, onde é utilizada para o *ice wine*.

O *ice wine* é um vinho adocicado de sobremesa, produzido com uvas que amadurecem e são deixadas para congelar nos vinhedos. Só depois são colhidas.

O cruzamento da Pinot Blanc com a Riesling gerou a uva Manzoni Bianco.

PINOT GRIS, PINOT GRIGIO

É uma uva branca de casca rosada ou verde-cinza. É uma variação da uva Pinot Noir.

Pinot é por ter seus cachos em formato parecido com o do fruto dos pinheiros, *pine*. *Gris*, em francês, é cinza. Seus vinhos têm cor amarelo-dourada e rosa-claro.

Podem ser de corpo médio ou encorpado. Possuem pouca acidez, alto teor alcoólico e são bem oleosos. A oleosidade é que torna o vinho mais encorpado.

Os aromas lembram frutas, melão e manga.

É considerada a melhor uva para a produção do **vinho laranja**.

É plantada na Alsácia-Lorena, na Tasmânia, na África do Sul, no Brasil e nos Estados Unidos.

Na Alemanha, é conhecida pelo nome de Ruländer. Em várias regiões da Itália, é conhecida pelo nome de Pinot Grigio.

PINOT MEUNIER

É conhecida desde o século XVI e acredita-se ser uma mutação da Pinot Noir.

O nome Pinot se deve ao formato do cacho, que lembra o fruto do pinheiro (*pine*, em inglês).

Meunier, em francês, significa *moleiro*, o profissional que trabalha nas máquinas de moer os grãos nos moles de farinha.

Moleiro porque, na parte de trás das folhas, e um pouco também na frente, acumula pigmentos brancos que lembram farinha.

Sua casca é de um vermelho mais claro que a da Pinot Noir, e a uva é mais fácil de cultivar. É uma das uvas mais plantadas em toda a França.

Tem aromas frutados, alta acidez, açúcar e álcool similares aos da Pinot Noir.

Nos *blends* de champanhes e vinhos, agrega aromas e longevidade.

Com a Chardonnay e Pinot Blanc, compõe o principal *blend* dos espumantes das regiões de Épernay e Reims.

A Pinot Meunier é a principal uva do famoso champanhe Krug, de Reims.

No Vale do Loire são produzidos vinhos secos e rosés, com aromas que lembram frutas vermelhas e tabaco.

É cultivada também na Áustria, Alemanha, Suíça e Califórnia, sendo utilizada, principalmente, em *blends* de espumantes.

Mais recentemente, profissionais têm se referido a ela como Meunier, simplesmente.

Uva Pinot Gris

AS PRINCIPAIS UVAS

PINOT NOIR

Esta uva tinta é conhecida na Borgonha desde o século I.

No século XIV, foi escolhida pelos frades da Ordem de Císter, na Borgonha, para ser a uva de seus vinhos. Em meu livro *Viagens Vinhos História*, descrevo a saga dos frades da Ordem de Císter.

O nome Pinot vem dos cachos pequenos, que lembram o formado da fruta do pinheiro (*pine*).

Suas cepas são pequenas, sensíveis ao vento e ao frio. É uma uva que exige cuidados especiais no cultivo.

André Tchelistcheff, célebre produtor de vinhos na Califórnia, disse certa vez: "Deus fez a Cabernet Sauvignon e o Diabo fez a Pinot Noir".

Sua casca é fina e de um vermelho menos intenso. Seus vinhos são considerados elegantes e charmosos, com aromas que lembram amora, cereja, framboesa, especiarias e ervas. É a uva do famoso Romanée-Conti,

Uva Pinot Noir

dos vinhos do Clos de Vougeot e dos Hospices de Beaune.

Tem sido plantada em vários países, como África do Sul, Brasil, Austrália e Chile. Mais recentemente, tem sido reconhecida e apreciada pelos brasileiros.

PINOT NOIR DE TROYES

O champanhe é produzido oficialmente em duas regiões distintas, Épernay/Reims e Troyes.

Épernay/Reims é onde estão os grandes produtores Moët & Chandon, Mercier e Taittinger.

Nessa região, as principais uvas dos champanhes são Chardonnay, Pinot Blanc e Pinot Meunier.

Troyes é a capital oficial da região de Champagne e é onde estão, principalmente, as vinícolas familiares e tradicionais.

No entorno de Troyes estão as regiões vinícolas e produtoras de champanhe, Bar-sur-Seine, Montgueux e Les Riceys.

Nessas regiões, as principais uvas dos champanhes são Pinot Noir e Chardonnay.

Les Riceys produz os melhores champanhes rosés do mundo, os preferidos de Luís XIV, rei da França.

Segundo Morize Père, produtor de Les Riceys, a Pinot Noir da região de Ardenas é considerada um clone da Pinot Noir da Borgonha. E há uma discussão entre eles para saber qual Pinot Noir é a original.

As uvas Pinot Noir cultivadas nos *terroirs* de Troyes possuem características próprias para a produção dos champanhes.

PINOTAGE

É uma uva tinta originária da África do Sul.

Foi criada em laboratório por Abraham Izak Perold, professor de viticultura da Universidade de Stellenbosch, a partir do cruzamento das uvas Pinot Noir e Hermitage.

Hermitage é um dos nomes da uva Cinsault, muito plantada na África do Sul.

Acredito que, na formação do nome da uva, tenha sido levada em consideração a sonoridade da palavra.

Embora seja uma uva tinta criada na África do Sul, o número de vinhedos e a produção de vinhos são relativamente pequenos. Isso porque a maior parte da produção dos vinhos é para exportação e, por razões de mercado, a preferência é pela produção de vinhos com Cabernet Sauvignon, Merlot, Cabernet Franc e Pinot Noir.

PIQUEPOUL

Nas opções tinta e branca, é uma das uvas mais antigas das regiões dos vales do rio Rhône e do Languedoc, na França.

Desde os séculos XVII e XVIII, tem sido utilizada em *blends* com as uvas Cinsanet e Clairette.

Ambas, tintas e brancas, são autorizadas a entrar nos *blends* dos vinhos em Châteauneuf-du-Pape.

Os tintos possuem altos teores alcoólicos e aromáticos. A cor é de um vermelho pouco acentuado, por isso, é utilizada mais em *blends* do que em monocastas.

É plantada nos Estados Unidos, nas regiões do Texas, Arizona, e em Sonoma, na Califórnia.

É conhecida como Folle Blanche, Avillo, Languedocien, Pical e mais 20 nomes.

AS PRINCIPAIS UVAS

PRIMITIVO
É a uva dos vinhos da Puglia mais conhecida dos brasileiros.

É um clone das uvas Crljenak Kaštelanski e Tribidrag, da Croácia.

Começou a ser cultivada na Puglia, no século XVIII, com o nome *Zagarese*, por ser originária da região de Zagreb, na Croácia.

Na cidade de Gioia del Colle, o monge Filippo Francesco Indelicato, um apaixonado por botânica, ficou encantado com a uva e direcionou seus estudos e trabalhos no desenvolvimento desta casta.

Foi ele quem deu o nome em italiano arcaico de *Primaticcio*, ou seja, primeira a amadurecer.

Em italiano moderno, passou a ser chamada de *Primitivo*.

De colheita antecipada, amadurece em agosto, enquanto a maioria das uvas na Europa amadurece em setembro e as tardias, em outubro.

A casca é vermelha e apresenta um perfeito equilíbrio entre acidez, açúcar e taninos. Seus vinhos são de meio corpo, suaves e muito aromáticos.

Nos séculos XVIII e XIX, pela excelente qualidade, os vinhos da Puglia ficaram muito conhecidos em toda a Europa e o número de vinhedos cresceu na região.

Gioia del Colle passou a ser conhecida como a cidade do vinho Primitivo.

No fim do século XIX, a condessa Sabini di Altamura casou-se com um nobre da região de Manduria, na província de Taranto, e levou consigo mudas da uva Primitivo.

Foi seu sobrinho Menotti Schiavoni quem passou a cultivar a uva e, em 1891, produziu a primeira garrafa de vinho Primitivo da Manduria sob a marca Campo Marino.

A partir de então, os vinhedos de uva Primitivo se expandiram por toda a província de Taranto.

Nas regiões dos vales de Sonoma e Napa, na Califórnia, levada por imigrantes alemães, esta uva originária da Croácia foi a primeira a ser plantada, em meados do século XIX, com o nome Zinfandel.

Hoje, dizem que a Zinfandel de Napa é a mesma Primitivo da Puglia. Na verdade, são as mesmas uvas originárias da Croácia.

PROCANICO (TREBBIANO), PERERA
Uva branca plantada na região do Vêneto e utilizada em *blends* com a Glera na produção do vinho Prosecco.

O *blend* na produção do Prosecco deve levar 85% da uva Glera e os restantes 15% podem ter as uvas Perera, Verdiso, Bianchetta, Trevigiana, Chardonnay e Pinot Noir.

REFOSCO DAL PEDUNCOLO ROSSO
Uva tinta, originária da região de Friuli e Venezia Giulia, de maturação tardia, parente próxima da uva Marzemino. É plantada também no Vêneto e na Eslovênia com o nome de Terrano. É uma uva de alta acidez.

Seus vinhos são de um vermelho intenso, encorpados, com aromas que lembram ameixas e amêndoas.

Segundo o historiador romano Plínio, o Velho, era o vinho preferido de Lívia, esposa do imperador Augusto.

RIESLING
Está entre as três uvas brancas mais conhecidas no mundo.

É a uva mais plantada na Alemanha e na região da Alsácia-Lorena, na França. Sua origem é na região dos vales do rio Reno, que divide a França e Alemanha.

Há uma teoria de que seu nome vem de um pequeno riacho chamado Ritzling, em Wachau, na Alemanha.

No século XV, em 1402, há uma citação de uma uva com o nome de Russiling.

Já em 1447, há uma uva citada como Rissling. O primeiro documento escrito com o nome Riesling é de 1552.

É provável que sua origem genética seja a uva Gouais Blanc, trazida da Croácia pelos romanos e fartamente plantada em toda a Europa.

É uma uva tardia, que amadurece no outono e é bastante sensível a *terroirs* específicos. É muito aromática e com uma boa combinação de acidez e açúcar.

É utilizada na produção de vinhos secos, espumantes e licorosos.

Em climas mais frios, os aromas de seus vinhos lembram maçã, mel e grama cortada.

Em climas mais quentes, lembram frutas cítricas e pêssegos.

Tem muito boa afinidade com os barris de carvalho. É muito cultivada na República Tcheca, na Nova Zelândia, no Canadá, na Ucrânia e na Califórnia.

Aqui no Brasil, alguns viticultores estão produzindo vinhos com a Riesling.

LIEBFRAUMILCH

© Divulgação

Na década de 1990, a importadora e distribuidora Expand importou da Alemanha um vinho branco meio doce, **Liebfraumilch**.

O vinho caiu no gosto do consumidor brasileiro por duas razões: a tradução romântica do nome do vinho, Leite da Mulher Amada, e as garrafas azuis. Na verdade a tradução correta seria Leite de Nossa Senhora, isto porque *Liebfrau* em alemão significa Nossa Senhora, e o vinho era produzido na região de Rheinhessen, próximo de uma Igreja de Nossa Senhora.

Como **Liebfraumilch** era uma marca, o vinho podia ser produzido em várias regiões da Alemanha, com isto, vários importadores começaram a trazer vinhos de diversas regiões e de qualidade duvidosa. O mercado brasileiro foi inundado do famoso vinho da garrafa azul. Antes venerado, passou a ser desprezado.

As uvas do vinho, Riesling, Müller-Thurgau e Silvaner também sofreram o desgaste. Durante um tempo não se falou mais neste vinho, e só mais recentemente voltaram a importar e disponibilizar no mercado.

Hoje é fácil encontrar **Liebfraumilch**, o vinho da garrafa azul em *sites* na internet. A origem, a região de Rheinhessen, as uvas Müller-Turgau e Silvaner não têm o mesmo sucesso de antigamente, mas permanecem alguns consumidores fiéis.

AS PRINCIPAIS UVAS

RONDINELLA
É uma uva tinta cultivada na região do Vêneto que participa, com as uvas Corvina, Corvinone e Molinara, do *blend* dos vinhos Amarone, Valpolicella, Recioto e Bardolino.

Estudos genéticos mostram que é parente próxima da uva Corvina.

É uma uva de alto rendimento, com nível médio de açúcar e resistente às pragas.

Importante na composição do *blend* nos vinhos do Vêneto.

ROUSSANNE
É uma uva branca, originária da região do rio Rhône, na França, muito utilizada para *blends* com a uva Marsanne.

Na região de Châteauneuf-du-Pape, na Provence, é uma das seis uvas autorizadas pela DOC (Denominação de Origem Controlada).

É uma uva também importante nas regiões de Crozes-Hermitage, Tain-l'Hermitage e Saint-Joseph, todas às margens do rio Rhône.

Possui alta acidez e sua casca, quando madura, tem tom alaranjado.

É pouco resistente a períodos de secas e ventos.

Seus vinhos brancos secos são ricos, encorpados, com aromas que lembram mel e pera.

É cultivada na Austrália, na África do Sul, na Califórnia, na ilha de Creta (Grécia), na Itália e na Espanha.

SACY
Uva branca originária da Itália, foi introduzida na Borgonha no século XIII.

Plantada no nordeste da França, é possivelmente um cruzamento da Pinot Noir ou Pinot Gris com a Gouais. Não é possível identificar qual das duas Pinot.

Uva de alto rendimento e alta produtividade, tornou-se popular em *blends* com as uvas Aligoté, Chardonnay e Sauvignon Blanc.

Nos vales do rio Rhône, é conhecida como Tresalier.

Outros nomes pelos quais é conhecida: Aligoté Vert, Blanc de Pays, Tressalier e outras 20 denominações.

SAGRANTINO
Não há uma origem determinada da uva Sagrantino. Há registros de que era utilizada por frades, no sé-

Uva Sagrantino

culo XVI, para o vinho da missa, daí o nome Sagrantino, de Sagrado.

É uma uva tardia, colhida em outubro. Ao lado da francesa Tannat, Baga (da Bairrada, Portugal) e Negroamaro (da Puglia,

Itália), está entre as uvas com maior quantidade de polifenóis, taninos e antioxidantes.

A história do Montefalco Sagrantino lembra muito o que aconteceu com Recioto e Amarone, na região do Valpolicella.

Há alguns anos, na Úmbria, a uva Sagrantino era usada unicamente para o vinho Passito, um vinho licoroso e doce, como é o Recioto de Valpolicella.

Não há uma data exata de quando alguns produtores na Úmbria decidiram produzir vinhos tintos, exatamente como foram criados os Amarones.

As uvas foram colocadas para secar por três meses e colocadas para fermentar.

Em vez de interromper a fermentação para equilibrar o açúcar e o álcool do licoroso Passito, deixaram as uvas fermentando por mais dias.

O açúcar foi transformado totalmente em álcool, produzindo um vinho encorpado, vermelho intenso, muito bem estruturado, com uma dosagem alcoólica mais elevada e muito saboroso.

Aromas frutados que lembram frutas vermelhas, morangos, pimenta e terra.

Sua produção é limitada, pela pequena área de plantio, e por perder praticamente 30% de seu suco no processo de secagem das uvas.

Para um vinho tinto normal, calcula-se 1 quilo de uvas para uma garrafa. Para os Sagrantinos e Amarones, são precisos quase 2 quilos.

AS PRINCIPAIS UVAS

Uva Sangiovese

SANGIOVESE

Era plantada pelos etruscos quando os romanos chegaram à região da Toscana. Há duas interpretações para o nome Sangiovese.

Os etruscos diziam que era Sangue de Jove (Sangue de Júpiter), um deus muito cultuado na época.

Os romanos diziam Sangue de Giovane (Sangue de Jovem), por ter um vermelho intenso.

Há também duas explicações para sua origem:

• Seria um clone da uva Montepulciano d'Abruzzo, que, por sua vez, foi trazida por Aníbal, o Conquistador, no século III.

• Que seria um cruzamento de uvas italianas antigas, Ciliegiolo e Calabrese Montenuovo.

Hoje há cerca de 15 clones em toda a Itália. Ou seja, a mesma uva Sangiovese com nomes diferentes.

No fim do século XIX, na região de Montalcino, era conhecida como Brunello, em virtude da sua cor vermelha intensa.

Em meus livros Viagens *Vinhos História*, narro a história da criação do vinho Brunello di Montalcino.

Ainda hoje, alguns produtores locais e mais conservadores continuam a chamar a uva de Brunello.

Em Montepulciano, os produtores locais e mais conservadores chamam a Sangiovese de Prugnolo Gentile.

Isso para melhor identificar a Sangiovese de Montepulciano, que acreditam ter características próprias e diferentes da uva de Montalcino.

Mesmo chamando suas uvas de Brunello e Prugnolo Gentile, por norma da DOCG (Denominação de Origem Controlada e Garantida), são obrigados a colocar nos rótulos o nome da uva Sangiovese.

É uma uva tardia que amadurece em outubro, com casca grossa, vermelho-escuro, alta acidez e taninos médios.

Seus vinhos não são tão aromáticos como Pinot Noir e Cabernet Sauvignon, mas seus aromas lembram cereja, morango e pimenta.

Nas regiões de Chianti e Montepulciano, o principal blend é com a uva Canaiolo.

Para os supertoscanos da região de Chianti, os *blends* são com a Cabernet Sauvignon.

SAPERAVI

É uma uva tinta da região de Kakheti, na Geórgia, no Leste Europeu.

Foi nessa região que foi encontrada uma ânfora de 8.000 anos com resquícios de vinho. É o registro mais antigo de que se tem notícia no mundo.

É uma uva tintureira que contém antocianina vermelha dentro da polpa. A maioria das uvas tintas possui a casca vermelha e a polpa clara. Já as tintureiras têm a polpa também vermelha.

Seu nome Saperavi significa literalmente, em georgiano, pintar, tingir, dar cor.

Com bastante acidez, tem colheita antecipada, com um ciclo de cinco meses, dos cachos ao amadurecimento. Seus bagos são redondos, de tamanho médio e de rendimento moderado.

Seus vinhos são de tons vermelho-escuros, meio corpo, com taninos moderados e diferentes níveis de álcool. Aromas de frutas vermelhas.

Produz ótimos monocastas e participa de *blends* agregando álcool e cor.

É cultivada na Armênia, na Moldávia, na Ucrânia, no Uzbequistão, no Azerbaijão, na Austrália e em algumas regiões nos Estados Unidos.

SAUVIGNON BLANC

Este nome, possivelmente, venha da palavra *sauvage* (selvagem) e tem sua origem na uva Savagnin, da região de Jura, no leste da França.

Seus vinhos são ricos, encorpados, com bastante acidez e aromas que lembram grama, folha, pimenta, frutas tropicais e maracujá.

Atingiu sua exuberância na África do Sul, com vinhos brancos excepcionais.

É uma das castas brancas mais plantadas no mundo.

É uma das principais uvas dos vinhos licorosos de Sauternes e Barsac, na região de Bordeaux.

SAVAGNIN

É uma uva branca, nativa da região de Jura, em Occitane, e conhecida desde o século XVI.

É da mesma família Traminer, do Tirol italiano, e parente próxima da Viognier e Gewürztraminer.

É uma uva tardia, difícil de cultivar, mas seus vinhedos chegam a produzir em alto rendimento por até 70 anos.

Muito utilizada nos vinhos para sobremesa. Seus vinhos licorosos são bem encorpados.

Além da França, é plantada na Austrália com o nome de Frankisc, na Suíça como Heida e na Hungria, Formentin.

AS PRINCIPAIS UVAS

SAVAGNIN ROSÉ, ROTER TRAMINER

É uma uva com a casca vermelho-clara. Não atinge a coloração das uvas tintas normais e por isso é classificada como branca.

Faz parte da família Traminer, que inclui a Savagnin Blanc e a Gewürztraminer.

Há poucos vinhedos na região da Alsácia, na França.

É utilizada em *blend* com a uva Gewürztraminer, mas seu nome não aparece no rótulo da garrafa.

SÉMILLON, SEMILÃO

Uva branca da região de Bordeaux. Seu nome é uma derivação de Saint-Émilion, onde se originou no século XVIII.

Uva de casca fina e dourada, com alto rendimento, fácil de cultivar e de amadurecimento antecipado.

Seus vinhos brancos secos são vigorosos, com ótimo equilíbrio de álcool e acidez e com bom tempo de guarda.

Em Sauternes, é uma das uvas do *blend* dos famosos vinhos doces de sobremesa dessa região na França.

Com a Sauvignon Blanc e a Muscadelle, compõe o *blend* para produção dos vinhos licorosos das regiões DOC de Sauternes e Barsac.

As três uvas são atacadas pelo fungo *Botrytis*, que provoca muita perda dos líquidos, deixando um grande resíduo de açúcar. Por isso, são propícias à produção dos vinhos licorosos de Sauternes e Barsac.

Chardonnay, Sauvignon Blanc, Muscadelle e Sémillon são as uvas brancas autorizadas na região DOCG de Bordeaux.

É plantada na Nova Zelândia, nos Estados Unidos, na França, na Austrália, na África do Sul, no Brasil e no Chile.

No Brasil, a Vinícola Pizzato produz um ótimo Sémillon branco seco.

Uva Sémillon

Uva Sercial

SERCIAL
Uva branca plantada nas regiões da Bairrada e Ribatejo, em Portugal. Não confundir com a uva Cercial do Dão e do Douro.

Uva de colheita tardia e difícil de cultivar. Deve ser colhida no tempo exato do seu amadurecimento ou apodrece rapidamente.

Ela é bem plantada devido ao seu excelente peso de mosto, chegando a 14% de álcool.

Com muito boa acidez, seus vinhos brancos secos têm cor palha, com aromas minerais e frutados.

Considerado um bom vinho para guarda.

É utilizada em *blends* com as uvas Encruzado e Bical.

Conhecida em Portugal pelo nome de Esgana Cão.

SILVANER
Uva branca plantada nas regiões da Alsácia, na França, e na Alemanha, onde leva o nome de Grüner Silvaner.

Originária da região da Transilvânia, na Romênia, acredita-se ter como pai a uva Traminer em cruzamento com uma outra uva branca não identificada.

O nome deriva da palavra "silva", em latim bosque, ou *saevum (selvagem)*, por se acreditar ser de origem de vinhas selvagens.

Na Alsácia, por sua alta acidez e elevado peso de mosto, pode ser utilizada em *blends* com as uvas Riesling e Ebling, na produção dos brancos secos Grand Crus da Alsácia.

Era uma uva muito plantada nos anos 1970. Depois entrou em decadência e foi substituída pela uva Müller-Thurgau.

Na Alemanha, também entrou em declínio por razões de mercado.

SUSUMANIELLO
é uma antiga uva tinta cultivada no entorno de Murgia, na região de Brindisi, na Puglia. Adapta-se muito bem a climas quentes como os Mediterrâneos. Seu DNA mostra que tem um parentesco com a uva Sangiovese, muito plantada na Toscana. Produz vinhos tintos e rosés, Brindisi Rosso e Brindisi Rossato. Seus monocastas são potentes, estruturados e tânicos. Aromas de frutas negras como mirtilo.

Os principais *blends* são com as uvas Negroamaro e Ottavianello (Cinsaut).

É também conhecida como Cozzomaniello, Puledro, Uva Nera Zingarello e Zuzomaniello.

AS PRINCIPAIS UVAS

Uva Syrah

SYRAH

É a principal uva da região de Tain l'Hermitage e Tournon, na Provença, a mais plantada na Austrália e a segunda mais importante de Châteauneuf-du-Pape.

Na Austrália, é conhecida pelo nome Shiraz.

É uma das uvas cujo plantio mais tem crescido no mundo.

A Syrah está sendo cultivada e ganhando cada vez mais espaços no Chile, na Califórnia, na África do Sul, na Nova Zelândia, no Uruguai, em Portugal e no Brasil.

É também uma das uvas mais emblemáticas e sobre ela há várias histórias e lendas:

➔ Teria sido trazida da Turquia, Grécia ou Palestina por um cruzado
➔ Teria sido trazida por fenícios, que comercializavam pelo Mar Mediterrâneo
➔ Seria originária de uma antiga cidade persa, de nome Shiraz, e que teria vindo para a Sicília e depois para a França
➔ Teria vindo da Palestina e pode ter sido a uva do vinho da Santa Ceia

Há muitas outras histórias e lendas.

Mais recentemente, estudos de DNA, desenvolvidos no Departamento de Viticultura da Universidade da Califórnia em Davis, pela professora e geneticista Carole Meredith, comprovaram que a Syrah é um cruzamento das uvas francesas Dureze Noir e Ardèche.

Depois dessa descoberta, a uva Dureze Noir voltou a ser muito plantada na França.

Sua casca é vermelho-escura, tem muita acidez e taninos. Seus vinhos são longevos e com aromas que lembram frutas, florais, violeta, mirtilo, menta e pimenta-negra.

Seu nome é, provavelmente, uma derivação da palavra francesa Serine.

Serine são os vales no curso do rio Rhône.

Isso porque há um conjunto de uvas conhecido como a Família Serine, na qual se incluem a Syrah, Mondeuse Noire, Marsanne, Roussanne e Muscader. Todas geneticamente parentes entre si.

A Petite Sirah é um cruzamento da Syrah com a Peloursin.

É a uva mais importante da região de Tain-l'Hermitage e Tournon, e a segunda mais importante de Châteauneuf-du-Pape.

TANNAT

O nome está relacionado à grande quantidade de tanino na uva. Sua origem é a vila de Madiran, região de

Occitane, nos Pirineus franceses.

É possivelmente um cruzamento de uma uva da região de Quercy com uma uva nativa de Occitane.

De Madiran se expandiu para a região de Cahors, onde se tornou a uva mais importante.

Tannat e Malbec são parentes próximos, pertencem à mesma família de uvas. Durante muito tempo, foi considerada uma uva de segunda categoria. Só recentemente, com a introdução de novas técnicas no plantio e na enologia, começou a produção de ótimos monocastas e *blends*. Adapta-se muito bem a solos pobres de argila, pedra e cascalho solto, mas requer cuidados especiais no cultivo.

Com casca bem escura, muito tanino e acidez generosa, produz vinhos potentes e longevos. Seus vinhos são ricos em contrastes e possuem aromas que lembram frutas vermelhas, cereja, pimenta, tabaco, canela e madeira.

Proporcionam ótimos e encorpados monocastas, e *blends* com Merlot e Pinot Noir. Nos Estados Unidos, os principais *blends* são com as uvas Sangiovese e Syrah. Em Bordeaux, tem o nome de Moustron e Tursan Noir.

A uva Ekigaina é um cruzamento da Tannat com a Cabernet Sauvignon.

No sul da França, é utilizada para o conhecido brandy (conhaque) Armagnac e para vinhos rosés mais encorpados.

A uva Tannat é cultivada na França, no Uruguai, na Argentina, no Brasil, no Peru, na África do Sul e nos Estados Unidos, nos estados de Oregon, Texas e Arizona.

TANNAT NO URUGUAI

Sua história está diretamente ligada à produção dos vinhos no Uruguai.

O primeiro registro de produção de vinhos no país é de 1776. Eram imigrantes que trouxeram consigo a cultura do vinho e passaram a produzir, principalmente, para o consumo familiar.

Em 1874, o imigrante Pascal Harriague, de origem espanhola, viajou para Concórdia, na Argentina, onde estavam sendo produzidos vinhos de muito boa qualidade, no estilo de Bordeaux, utilizando uma uva conhecida como Lorda.

Na volta, trouxe consigo mudas e plantou 200 hectares de vinhedo na região de Salto, noroeste do Uruguai.

A uva Lorda se adaptou muito bem ao *terroir* da região, dando vinhos de muito boa qualidade. Em 1888, já havia em Salto cerca de 90 bodegas de vinho. Várias vinícolas em todo o Uruguai começaram a plantar a uva e referir-se a ela como Harriague.

Em 1919, após estudos, a uva Lorda foi reconhecida e identificada como sendo a Tannat.

Os vinhos Tannat produzidos no Uruguai, por uma questão de *terroirs*, são menos encorpados e têm menos taninos do que os produzidos em Cahors, na França. São um pouco mais leves, mais agradáveis e, mesmo assim, encorpados.

Tenho degustado Tannats muito bons produzidos no Vale dos Vinhedos, em Bento Gonçalves, notadamente da Don Laurindo e Lidio Carraro.

AS PRINCIPAIS UVAS

TEMPRANILLO

É o diminutivo da palavra temprano (cedo), por ser uma uva de colheita antecipada, que amadurece primeiro, mais cedo que as outras.

É a principal uva das regiões de Rioja e Ribera del Duero, na Espanha.

Em Ribera del Duero e outras regiões próximas, é conhecida como Tinta del País e Tinta de Toro.

Acredita-se que já era plantada na região desde a época do domínio dos romanos.

De casca fina, produz melhor em lugares mais altos e frios, mas se adapta muito bem às regiões mais quentes.

Nas regiões mais frias, potencializa a acidez, e os vinhos são mais longevos.

Produz vinhos encorpados, com aromas que lembram ameixa, morango, baunilha, couro, ervas e tabaco.

Os principais *blends* são com as uvas Garnacha, Mazuelo, Graziano e Merlot.

Em Portugal, é plantada nas regiões do Alentejo e Douro com os nomes de Aragonez e Tinta Roriz. É muito utilizada nos vinhos do Porto.

Algumas vinícolas no Vale dos Vinhedos estão plantando e produzindo vinhos com a Tempranillo.

A uva é também cultivada na Argentina, no Chile, no México, em Portugal e no Vale de Napa.

TERRET NOIR

Uva tinta plantada na região de Châteauneuf-du-Pape e autorizada em pequena quantidade nos *blends* com a Grenache e Syrah, para agregar acidez.

Sofreu várias mutações e não há como identificar sua origem. Em outras regiões da França, como Provence, vales do rio Rhône e Languedoc, entra em *blends* com as uvas Grenache, Syrah, Mourvèdre e Cinsault. É conhecida pelos nomes de Terret du Pays e Terret Bourret.

A Terret Blanc e a Terret Gris são variações da Terret Noir, autorizadas em *blends* para vinhos brancos secos na região da Provença.

Uva Tempranillo

TINTA BARROCA
Uva tinta, muito plantada na região do Douro e entra regularmente nos *blends* do vinho do Porto.

É a terceira uva mais plantada na região do Douro — as primeiras são Touriga Franca e Aragonês/Tinta Roriz (Tempranillo).

Oferece duas características favoráveis muito importantes.

Mesmo plantada para a face norte, proporciona alto rendimento e produz muito bem.

Além disso, possui um peso de mosto elevado, com bastante açúcar.

Não produz vinho monocasta, mas é utilizada em *blends* de vinhos tintos no Douro.

É conhecida pelo nome de Boca da Mina.

TINTA DEL PAÍS
É o nome da Tempranillo na região de Ribera del Duero, na Espanha.

TINTA DE TORO
É o nome da uva Tempranillo na DOC de Toro, no norte da Espanha.

Outros sinônimos conhecidos em Ribera del Duero são Tinto Fino, Tinta del País e Riojo.

Uva Tinta de Toro

Em Portugal, é conhecida como Aragonez e Tinta Roriz.

TINTA FRANCISCA
Uva tinta da região do Douro, muitas vezes confundida com a Touriga Franca.

Acredita-se que seja uma derivação ou tenha parentesco com a Pinot Noir.

Rica em açúcar, com álcool elevado, bons níveis de acidez, taninos e perfumada.

É utilizada em *blends* de vinhos tintos do Douro.

É conhecida como Tinta de França e Tinta Francesa.

TINTA NEGRA
É também muito conhecida como Negra Mole.

É a principal uva dos vinhos da Ilha da Madeira.

Estudos recentes comprovaram que é um cruzamento da Pinot Noir com a Grenache.

O vinho da Madeira é produzido desde o século XIV, e as uvas e os vinhedos foram introduzidos na ilha pelo infante Dom Henrique.

Até o século XIX, o vinho era produzido com as uvas Sercial, Boal e Verdelho.

Após a praga da filoxera, no início do século XX, a uva Tinta Negra passou a ser cultivada e tornou-se a mais importante da composição do *blend* do vinho da Madeira.

Em 1980, a Tinta Negra foi reconhecida como a Uva Nobre da Madeira.

Possui uma casca bem escura e uma quantidade grande de açúcar.

Seus vinhos licorosos secos têm grande dosagem alcoólica.

Nas Ilhas Canárias, a uva Tinta Negra é conhecida como Negramoll.

AS PRINCIPAIS UVAS

TINTO CÃO
Uva tinta, plantada na região do Douro, é uma das cinco uvas mais importantes na produção do vinho do Porto. Há registros desta uva na região desde o século XVII.

Uva de casca escura, mosto mais claro, com aromas florais, taninos fortes e alta acidez. É utilizada em *blends* de vinhos tintos no Douro.

Na região do Dão, são produzidos alguns poucos monocastas, sem um destaque efetivo.

É conhecida pelos nomes de Padeiro, Padeiro de Basto, D. Pedro e Tinto Matias.

Uva Torrontés

TOKAJI
Não é uma uva, mas um vinho licoroso da região de Tokaj, na Hungria.

É produzido também na Eslováquia, mediante uma autorização especial da Hungria.

Incluí aqui para falar das uvas que compõem seu *blend*. Para a produção deste vinho, as uvas são atacadas pelo fungo *Botrytis cinerea*, que provoca a perda de líquidos das uvas, deixando um resíduo grande de açúcar.

O resultado é um vinho licoroso doce e com alta dosagem alcoólica.

O vinho Tokaji é produzido com um *blend* de várias uvas, de diversas origens:
➔ Furmint e Zéta – Hungria
➔ Harslevelu, Köverszõlo e Kabar – Romênia
➔ Muscat Blanc e Muscadelle – França/Itália

O vinho Tokaji é citado no Hino Nacional da Hungria e no filme *Amadeus*, que conta a história de Mozart.

TORRONTÉS
É uma uva branca Criolla, possivelmente derivada de uvas trazidas pelos frades mexicanos, para o vinho da missa, da região de Missões, na Argentina.

A uva Criolla aparece, muitas vezes, quando é plantada da semente. Nem sempre gera a mesma uva de cuja semente foi plantada.

Na Argentina, há três castas de Torrontés: Riojano, Sanjuanino e Mendocino. É uma uva branca, aromática, com bastante acidez e açúcar.

É chamada de "uva mentirosa" ou "vinho mentiroso". Isso porque o aroma é doce e suave, mas ao beber é seco e levemente encorpado.

As castas Torrontés Riojano e Sanjuanino são as mais plantadas.

É uma uva nativa e não tem qualquer relação com a Torrontés da Galícia, na Espanha.

TOURIGA FRANCA

É um cruzamento da Touriga Nacional com a uva Mourisco Tinto.

Mourisco Tinto é uma das mais importantes uvas na produção do vinho do Porto.

A Touriga Franca é a uva mais plantada na região do Douro e tem cerca de 30 diferentes nomes. Ela é mais leve e mais aromática que a Touriga Nacional.

Segundo a jornalista britânica e crítica de vinhos Jancis Mary Robinson, em termos de corpo e maciez, a Touriga Franca está para a Touriga Nacional assim como a Cabernet Franc está para a Cabernet Sauvignon.

Jancis é também consultora da Adega da Família Real, da Inglaterra.

Uva Touriga Nacional

TOURIGA NACIONAL

É a uva oficial de Portugal. Sua origem pode ter sido a região do rio Dão. Cultivada em várias partes do país, é um orgulho nacional.

Para que haja um melhor reconhecimento e identificação de sua origem, tenho sugerido mudarem seu nome para Touriga Portugal ou Touriga do Dão.

Seus vinhos são encorpados e com altos taninos. Os aromas lembram frutas vermelhas escuras. Ela é conhecida por cerca de 50 nomes, entre eles Bical Tinto, Mortágua Preto, Touriga Fina, Tourigão e Touriga Antigo.

A Touriga Nacional é plantada no Brasil, no Uruguai, na Argentina e no Chile.

TRAJADURA, TREIXADURA

Uva branca utilizada na produção do vinho verde na região do Minho, em Portugal.

Na Espanha, é plantada nas regiões de Ribeiro e Rias Baixas.

Utilizada em *blends* para vinhos brancos secos com as uvas Loureiro e Alvarinho (Albarín).

Conhecida pelos nomes de Tragadeira, Trinca Dente, Verdello Rubio e Trincadeira (não confundir com a Trincadeira – Tinta Amarela).

AS PRINCIPAIS UVAS

TREBBIANO, UGNI BLANC, GARGANEGA

É a uva branca mais importante da Itália e uma das mais plantadas no mundo.

Há duas explicações para a origem do seu nome.

O historiador romano Plínio, o Velho, escreveu sobre um vinho que chamou de *Vinum trebulanum bianco*, que era produzido na região de Cápua.

Pode também ter-se originado na cidade de Trebbia, na Etrúria, no vale de Piacenza.

Isso porque, possivelmente, a uva Trebbiano já era cultivada pelos etruscos na Etrúria, hoje Toscana, há mais de três séculos a.C.

Foi levada pelos romanos para ser plantada em várias regiões da Itália e da Europa e passou a ser conhecida, desde então, por vários nomes.

No Vêneto é chamada de Garganega, na Úmbria ela é a Procanico e em Abruzzo, Hatria.

Na França, é conhecida como Ugni Blanc, Hermitage Blanc e Syrah Blanc.

Em Portugal, ela é chamada de Branquinha.

A Trebbiano tem catalogados cerca de 110 nomes diferentes

Na Argentina, no Brasil e em vários outros países, é conhecida como Trebbiano e Garganega.

Foi levada para a França quando a sede do Papado foi transferida para Avignon, em 1309.

É muito plantada na região de Bordeaux e, pela alta acidez, é utilizada na produção dos Cognacs e Armagnacs.

É muito utilizada para a produção dos vinagres balsâmicos.

A uva Manzoni Rosa é um cruzamento da Trebbiano com a Gewürztraminer. E do cruzamento com a Emilia-Romagna resultou a uva Alionza.

É uma uva com muito boa acidez. Seus vinhos são de corpo médio, mais leves e menos opulentos que a Chardonnay. Os

Uva Trebbiano

aromas lembram pera, maçã, flores, cítricos e leves tons de mel.

 TRINCADEIRA, TINTA AMARELA

Uva tinta muito plantada nas regiões do Alentejo, Douro e Ribatejo, em Portugal. É uma uva de alto rendimento, mas difícil de ser cultivada por exigir um cuidado muito especial em seu amadurecimento. Deve ser colhida no tempo certo do amadurecimento. Se colhida antes, perde no sabor; se colhida depois, perde na acidez.

Seus vinhos possuem meio corpo, acidez e taninos equilibrados, aromas de frutas vermelhas. São macios e elegantes.

Seus principais *blends* são com as uvas Castelão, Touriga Franca e Aragonez (Tempranillo).

É conhecida por vários nomes em Portugal:

➔ Alentejo e Ribatejo – Trincadeira Preta
➔ Douro e Trás-os-Montes – Tinta Amarela
➔ Torres Vedras e Alenquer – Mortágua
➔ Setúbal – Espadeiro e Murteira
➔ Algarve – Crato Preto
➔ Santarém – Castiço

TROUSSEAU, TROUSSEAU NOIR

É uma uva tinta muito conhecida e plantada no leste da França e na região do Douro, em Portugal. O nome vem do francês *"trousse"* (pacote), pelo formato dos cachos.

Em Portugal, onde é conhecida pelo nome de Bastardo, entra em *blends* do vinho do Porto.

Vinhos com alto teor alcoólico, alta acidez de doce e azedo, com aromas de frutas vermelhas e minerais. É plantada também na Espanha e nos Estados Unidos.

As uvas Trousseau Gris e Makurana Bianca são mutações e clones das mesmas variedades de uvas tintas, plantadas principalmente na região de Jura, na França, e na Califórnia, nos Estados Unidos.

VERDECA

É uma uva branca nativa da Puglia e muito plantada na região de Emilia-Romagna.

O nome é devido à cor verde da sua casca.

É uma uva tardia com muita acidez. Seus vinhos brancos secos, com bastantes minerais, têm aromas que lembram vegetais e plantas verdes.

Os principais *blends* são com as uvas Malvasia, Bombino Bianco e Trebbiano.

Muito plantada no entorno do vulcão Vesúvio, próximo de Nápoles, onde, com as uvas Falanghina, Coda di Volpe e Greco, compõe o *blend* para o vinho licoroso **Lacryma Christi**.

É conhecida pelos nomes de Verdisco, Verdicchio, Groppeta, Verdiso e Marche.

Uva Trousseau

AS PRINCIPAIS UVAS

Uva Verdejo

VERDEJO

Foi levada do norte da África para Espanha, no século XI, por cristãos árabes, os moçárabes.

Há uma outra teoria segundo a qual a uva é nativa do norte da Espanha.

É a principal uva da DOR (Denominação de Origem) Rueda, considerada a produtora dos melhores vinhos brancos da Espanha.

Os vinhos brancos representam 99% da produção de Rueda.

Após a praga da filoxera, houve uma queda no plantio desta uva, que foi substituída pela uva Palomino Fino.

A partir de 1970, voltou a ser introduzida e muito plantada.

Na implantação da DOR (Denominação de Origem) Rueda, em 1980, a Verdejo foi nomeada sua principal uva branca.

As uvas brancas autorizadas em Rueda são Verdejo, Viúra, Sauvignon Blanc e Palomino Fino.

Recentemente, foram autorizadas também Viognier e Chardonnay.

Em Rueda, a Verdejo representa 95% dos vinhedos plantados.

Para manter um equilíbrio de temperatura, sua colheita é noturna.

Sua casca é verde, com altos graus de acidez e açúcar.

O vinho classificado como Rueda Verdejo deve ser produzido com no mínimo 85% de Verdejo.

Os vinhos produzidos com 50% de Verdejo são classificados como Rueda.

Os vinhos produzidos com 85% de Verdejo e colocados para estagiar em barricas de carvalho por dois anos ou mais são classificados como Rueda Dorado.

Os *blends* são normalmente feitos com as uvas Sauvignon Blanc e Viúra (Macabeo).

Seus vinhos de tons amarelados são elegantes, encorpados, minerais, frutados e com aromas que lembram cítricos, nozes, melão e pêssego.

Muito plantada também em Castela e Leão, Segóvia, Ávila e Álava.

Esta uva ganhou muito prestígio quando, por volta do ano 2000, a Marqués de Riscal, em Elciego, na região de Rioja, começou a produzir seus vinhos brancos com a uva Verdejo.

É plantada em Portugal, no Chile, na Argentina, no Uruguai e no Brasil.

VERDEJO NEGRO

É uma uva tinta que, ao lado de Carrasquín, Albarín Negro e Albarín Bianco, formam as quatro uvas autorizadas para os vinhos da DOC Cangas, do Principado de Astúrias.

O Principado de Astúrias é uma região autônoma localizada entre a Galícia e Castela e Leão, na Espanha.

É uma uva de colheita antecipada, com aroma florais, baixa acidez, boa dosagem alcoólica e ideal para o vinho Crianza.

VERDELHO

Não há uma origem registrada desta uva, mas sabe-se que vem sendo plantada em Portugal e, principalmente, na Ilha da Madeira e nos Açores há muitos anos.

É uma uva de casca verde-amarelada, com muito açúcar. Seus vinhos licorosos possuem alta dosagem alcoólica e aromas que lembram avelãs e nozes.

Os vinhos brancos secos são suaves e encorpados.

Verdelho é uma das uvas do vinho Madeira.

O *blend* do Madeira é composto por uma quantidade maior da uva Tinta Negra e é completado com as uvas Verdelho, Boal, Sercial e Malvasia.

Nos Açores, o vinho Verdelho leva em seu *blend*, obrigatoriamente, 85% desta uva.

Na região do Douro, é utilizada em *blends* do vinho do Porto e, muitas vezes, é confundido com a uva Gouveio.

AS PRINCIPAIS UVAS

Uva Vermentino

VERDICCHIO

Uva branca de casca verde-amarelada plantada nas regiões de Marche, Úmbria e Lazio, na Itália. É conhecida desde o século XIX e acredita-se ser um cruzamento das uvas Trebbiano e Greco.

Greco foi possivelmente a uva ancestral da maioria das uvas brancas da Itália.

É de baixo rendimento, as cepas produzem menos cachos, mas, em contrapartida, com a concentração de nutrientes, as uvas possuem melhor qualidade.

Nas regiões DOCG de Macerata e Ancona, é considerada a principal uva dos vinhos brancos. Seus vinhos contêm alta acidez, predominando o aroma de cítricos.

É utilizada para o levemente adocicado vinho palha ou vinho de passa.

As uvas são colhidas e deixadas para secar. Há perda do líquido e uma concentração maior de açúcar. A partir daí o vinho é produzido como o Recioto do Vêneto e o Aleático de Elba. Em algumas regiões, é utilizada para os espumantes.

É conhecida como Giallo, Verdone, Verzaro e mais de 50 nomes.

VERDISO

É uma das três uvas que, com as uvas Glera e Perera, compõem o principal *blend* dos espumantes Prosecco na região do Vêneto.

Acredita-se ser a mesma uva Verdeca originária da Puglia.

VERDUZZO, VERDUZZO FRIULANO

É uma uva branca das regiões de Friuli, Venezia Giulia e Vêneto.

Há registros de que, em 1409, em um banquete oferecido ao papa Gregório XII, o vinho branco Verduzzo fazia parte da lista dos vinhos.

É uma uva de colheita intermediária ou tardia, dependendo do clima do ano. Seus vinhos brancos secos monocastas são de corpo leve, com açúcar e taninos equilibrados, mas um pouco adstringente, ou seja, "pega" na boca.

É utilizada em vinhos de sobremesa estilo Passito, com o corpo médio, dourado e aromas de mel.

É conhecida também pelos nomes Ramandolo, Verdicchio e Friulano.

VERMENTINO

É uma uva branca cultivada na Córsega e na Sardenha. Na região de Ólbia, na Sardenha, é conhecida pelo nome de Arratelau. Além dos vinhos brancos, secos, produzem também vinhos doces e espumantes.

O branco DOCG – Vermentino di Gallura é considerado um dos melhores da região.

Na Ligúria, é também conhecida como Pigato, e com as uvas Bosco e Albarola compõe o *blend* do vinho branco de Cinque Terre. Nessa região do Mar da Ligúria, o sol e o sal agregam características muito especiais ao aroma e sabor.

Os vinhos brancos de Cinque Terre harmonizam extraordinariamente com frutos do mar e peixes.

No Piemonte, é cultivada com o nome de Favorita.

Na França, no Languedoc-Roussillon e na Provença, nas proximidades de Nice, leva o nome de Rolle.

Uva Verduzzo

AS PRINCIPAIS UVAS

VERNACCIA

Esta uva é cultivada na região de San Gimignano, na Toscana, desde o século XIII.

O vinho branco Vernaccia já foi considerado o mais importante da Itália.

A DOC (Denominação de Origem Controlada) do Vinho Vernaccia, tida como a primeira DOC do país, é de 1966.

Durante determinado período, houve uma queda grande no cultivo da uva, e o vinho Vernaccia passou a ser produzido com as uvas Trebbiano e Malvasia.

Recentemente, voltou-se a plantar a uva Vernaccia. Adapta-se muito bem a solo arenoso e com pedras.

Com boa acidez e um final meio amargo, é o vinho do dia a dia dos locais.

Por norma da DOC, o vinho Vernaccia deve ter 90% da uva Vernaccia.

Recentemente, estão estagiando o vinho em barris de carvalho, para agregar taninos, aromas e longevidade.

O vinho Vernaccia é citado pelo poeta Dante Alighieri em sua obra *A Divina Comédia*, no capítulo do "Purgatório".

Por seu prestígio nacional, é considerado um vi-

Uvas Viognier

nho para os turistas que visitam San Gimignano.

Não confundir com a uva Vernaccia da Sardenha.

VILLARD NOIR, VILLARD BLANC

São uvas híbridas criadas por Bertille Seyve e seu sogro Victor Villard.

Até 1968, a Noir era a 5ª uva tinta mais plantada na França. Já a Blanc era a 3ª uva branca mais plantada.

Após essa data, o Departamento de Agricultura da França decidiu estimular o cultivo das castas mais nobres e com mercado internacional mais amplo.

Foram financiadas a extração dos vinhedos das uvas híbridas e a plantação das novas castas.

Assim, uvas como Villard, Chambourcin, Plantet e Bacio Noir foram reduzidas ou desapareceram.

Atualmente, está proibida a implantação de novos vinhedos de uvas híbridas.

Algumas uvas híbridas ainda são plantadas nos Estados Unidos.

VIOGNIER

É originária da Croácia. Foi trazida pelos romanos e plantada primeiramente no vale do rio Reno. Seu nome é uma derivação de Vienne, pequena cidade da Alsácia-Lorena.

Requer cuidados especiais no plantio e amadurece melhor em regiões com verão e calor mais estáveis.

Adaptou-se muito bem no vale do rio Reno pela atuação do vento Mistral.

Seus vinhedos são longevos, continuando produtivos até 70 anos.

Os vinhos são encorpados, com aromas que lembram pêssego, pera, violeta e minerais.

Está sendo muito plantada nos Estados Unidos, na África do Sul, no Brasil e em Israel.

VIÚRA, MACABEO

Esta uva é de origem francesa, da região do Languedoc-Roussillon, e foi levada para a Espanha após a praga da filoxera.

Adaptou-se muito bem ao clima mais quente da região da Rioja e foi gradativamente tornando-se mais importante que a Malvasia e a Garnacha Blanca.

Preferida para os vinhos brancos secos, é também utilizada em pequenas quantidades em *blends* com a Tempranillo e Garnacha, para adicionar aromas e álcool aos tintos.

Na região de Barcelona, é a principal uva dos espumantes Cavas, compondo *blends* com as uvas Xarel-lo e Parellada.

Somente na Espanha é conhecida por cerca de 25 diferentes nomes.

No Languedoc-Roussillon, além de vinhos brancos secos, é utilizada para a produção de um brandy destilado.

ZINFANDEL

É um clone das uvas Crljenak Kaštelanski e Tribidrag, da Croácia, e foi levada para a Califórnia pelos imigrantes alemães.

Tempos depois, imigrantes italianos da região da Puglia trouxeram consigo mudas da uva Primitivo, outro clone das uvas da Croácia.

Ou seja, Primitivo e Zinfandel são clones das mesmas uvas da Croácia.

Na Califórnia, a uva Primitivo passou a ser reconhecida e chamada de Zinfandel.

Atualmente, as castas francesas Cabernet Sauvignon, Merlot, Pinot Noir, Petit Verdot, Malbec, Syrah, Petit Syrah, Chardonnay, Sauvignon Blanc, Pinot Gris/Grigio dominam as plantações dos vinhedos.

A Zinfandel é uma uva que continua em alta entre os produtores, principalmente na região de Calistoga, na Califórnia.

Uvas Zinfandel

AS PRINCIPAIS UVAS POR PAÍSES

São as principais castas mais plantadas nos Países.

São as uvas que melhor se adaptaram e produzem os melhores vinhos.

Em algumas regiões há maior diversidade de castas plantadas. As que relacionei são as mais conhecidas e importantes.

AS PRINCIPAIS UVAS POR PAÍSES

ÁFRICA DO SUL

Cabernet Sauvignon
Cabernet Franc
Cinsault
Syrah
Merlot
Pinot Noir
Pinotage
Petit Verdot
Malbec
Grenache
Carignan (Mazuelo)

Sauvignon Blanc
Chardonnay
Chenin Blanc
Viognier
Grenache Blanc
Marsanne
Sémillon
Gewürztraminer

ARGENTINA

Malbec
Cabernet Franc
Syrah
Pinot Noir
Bonarda
Cabernet Sauvignon
Merlot
Tempranillo

Torrontés
Chardonnay
Chenin Blanc
Sauvignon Blanc
Viognier
Verdelho
Trebbiano
Pinot Grigio

BRASIL

Merlot
Caberrnet Sauvignon
Malbec
Carménère
Tannat
Pinot Noir
Cabernet Franc
Gamay
Touriga Nacional
Ancelotta
Teroldego
Nebbiolo
Sangiovese
Marselan
Tempranillo
Barbera

Chardonnay
Sauvignon Blanc
Sémillon
Riesling
Trebbianno
Viognier
Moscato
Malvasia
Gewürztraminer

124

CHILE

Cabernet Sauvignon
Merlot
Carménère
Syrah
Pinot Noir
Sangiovese
Malbec
Tempranillo

Chardonnay
Sauvignon Blanc
Malvasia
Moscato
Riesling

ESPANHA

Rioja, Ribeira del Duero e Rueda

Tempranillo
Viúra (Macabeo)
Garnacha
Graciano
Mazuelo (Cariñena)
Maturana Tinta

Malvasia
Tempranillo Blanca
Garnacha Bianca
Maturana Blanca
Verdejo
Torrontés
Chardonnay
Sauvignon Blanc
Airén

ESTADOS UNIDOS

Vales de Napa e Sonoma

Cabernet Sauvignon
Merlot
Pinot Noir
Zinfandel
Barbera
Mondeuse
Nero D'Avola
Tempranillo
Grenache

Chardonnay
Sauvignon Blanc
Albariño
Grenache Blanc
Meunier
Pinot Blanc
Malvasia
Roussanne

AS PRINCIPAIS UVAS POR PAÍSES

FRANÇA

Alsácia-Lorena

Pinot Noir
Pinot Gris

Riesling
Gewürztraminer
Muscat
Viognier
Auxerrois Blanc
Silvaner
Pinot Blanc
Chasselas
Chardonnay
Sauvignon Blanc
Savagnin Rosé

Bordeaux

Cabernet Sauvignon
Merlot
Cabernet Franc
Carménère
Villard Noir
Petit Verdot
Fer Servadou
Côt (Malbec)

Chardonnay
Sauvignon Blanc
Sémillon
Muscadelle Blanc
Villard Blanc
Ugni Blanc (Trebbiano)
Colombard
Merlot Blanc

Borgonha – (Chablis)

Pinot Noir
Pinot Gris
César
Pinot Meunier
Gamay (Beaujolais)

Chardonnay
Sauvignon Blanc
Pinot Blanc
Aligoté
Melon
Sacy

Champagne – Epernay – Troyes

Pinot Noir
Pinot de Juillet
Pinot Gris
Meunier

Chardonnay
Pinot Blanc
Arbane

Provence – Châteauneuf-du-Pape

Grenache
Syrah
Mourvèdre
Cinsault
Muscardin
Counoise

Roussanne
Clairette
Bourboulenc
Vaccarese
Terret Noir
Piquepoul

Provence – Tain l'Ermitage/Tournon

Syrah
Grenache
Cinsault
Carignan
Mourvèdre

Marsanne
Roussanne
Clairette
Grenache Blanc
Bourboulenc
Chardonnay
Viognier

ITÁLIA

Piemonte – Barolo – Barbaresco – Roero

Nebbiolo
Barbera
Dolcheto
Bonarda
Brachetto
Grignolino

Arneis
Moscato
Viognier
Cortese
Malvasia
Chardonnay

Toscana/ Livorno – Ilha de Elba

Aleático

Toscana – Montalcino – Montepulciano – Chianti

Sangiovese
Canaiolo
Colorino
Malvasia Nera
Mammolo

Trebbiano
Malvasia
Verdiso
Vernaccia (San Giminiano)

AS PRINCIPAIS UVAS POR PAÍSES

ITÁLIA

Super Toscanos

Cabernet Sauvignon
Cabernet Franc
Merlot
Pinot Noir

Chardonnay
Sauvignon Blanc

Puglia

Negroamaro
Primitivo
Nero di Troia
Malvasia Nera
Sangiovese
Montepulciano
Bombino Nero
Aglianico
Malbec
Cabernet Sauvignon
Merlot

Minuolo
Fiano
Bombino Bianco
Malvasia Bianca
Moscato di Triani
Sauvignon Blanc
Verdeca
Chardonnay
Pinot Bianco

Úmbria

Sagrantino
Sangiovese
Canaiolo
Barbera
Montepulciano
Gamay
Novello
Cabernet Sauvignon

Procanico (Trebbiano)
Malvasia
Grechetto
Verdelho
Garganega (Trebbiano)
Verdicchio
Chardonnay
Pinot Grigio

Vêneto – Prosecco

Marzemino
Valdo
Cabernet Sauvignon
Cabernet Franc

Glera, Verdiso, Perera,
Garganega (Trebbiano)
Pinot Bianco e Pinot Grigio
Sauvignon Blanc
Chardonnay
Riesling
Bianchetta

ITÁLIA

Vêneto – Valpolicella e Amarone

Corvina
Corvinone
Rondinella
Molinara
Marzemino
Sangiovese
Oseleta
Cabernet Sauvignon
Pinot Nero
Syrah
Merlot

Garganega (Trebbiano)
Verdiso
Verduzzo
Moscato
Chardonnay
Pinot Bianco
Pinot Grigio
Sauvignon Blanc

PORTUGAL

Alentejo – Bairrada – Dão – Douro

Touriga Nacional
Touriga Franca
Baga
Castelão (Periquita)
Trincadeira (Tinta Amarela)
Aragonez – Tinta Roriz
Alfrocheiro
Tinta Barroca
Tinto Cão – Padeiro

Alvarinho
Arinto
Loureiro
Encruzado
Bical
Fernão Pires – Maria Gomes
Verdelho
Semilão
Sercial

URUGUAI

Tannat
Syrah
Cabernet Sauvignon
Malbec
Merlot
Tempranillo
Pinot Noir
Sangiovese

Chardonnay
Albariño
Pinot Grigio
Sauvignon Blanc
Malvasia
Riesling

AGRICULTORES, VITICULTORES, ENGENHEIROS AGRÔNOMOS E ENÓLOGOS

Já visitei mais de 250 vinícolas em vários países e o que me dá muito prazer é conversar com o agricultor, o viticultor, o engenheiro agrônomo ou o enólogo.

São eles que põem as mãos na terra, cuidam das plantas e das frutas e produzem o vinho. Aqueles que cuidam do vinho antes de a bebida ir para dentro da garrafa.

Sempre que vou conhecer alguma região, programo visitar vinícolas pequenas e familiares, para poder pisar na terra, caminhar pelos vinhedos, conversar e aprender das flores e das frutas.

AGRICULTORES, VITICULTORES...

Agricultor-viticultor

Colheita de uvas em Barbaresco, Itália

Nas vinícolas pequenas e familiares, geralmente, são os próprios proprietários que cuidam da terra, dos vinhedos, das colheitas e da produção dos vinhos.

Muitas vezes, são vinícolas que atravessaram várias gerações, e o conhecimento foi sendo transmitido de pai para filho. As vinícolas, por tradição, passam por várias gerações.

Em Orches, próximo de Beaune, na Borgonha, na França, visitei a domaine Rocault François et Blandine, que está sendo conduzida por familiares da 17ª geração, produzindo ótimos vinhos.

Seus vinhos tintos de vinhedos da região de Pommard, que degustei, eram extraordinários.

No Vêneto, na região do Prosecco, na Itália, encontrei várias vinícolas sendo administradas por familiares de várias gerações. A cantina Bisol de Valdobbiadene está nas mãos da família desde 1542, ou seja, desde o século XVI.

Mais recentemente, as novas gerações estão à frente dos negócios. Muitos foram estudar agronomia ou enologia e estão implantando as técnicas mais modernas no cultivo das uvas e na produção de vinhos.

No Vale dos Vinhedos, no Rio Grande do Sul, as vinícolas Pizzato e Don Laurindo são dois bons exemplos de sucessão familiar, com seus filhos estudando agronomia, enologia, administração e marketing.

Engenheiro agrônomo

É uma profissão com formação universitária. O trabalho do agrônomo está ligado diretamente ao plantio, ao cultivo dos vinhedos e à colheita das uvas.

Nas vinícolas familiares e pequenas, o proprietário, ou seja, o viticultor, muitas vezes faz a função do agrônomo.

Em algumas vinícolas, o agrônomo é um profissional contratado para fazer todo o acompanhamento, dar assistência e orientação, com visitas periódicas. Muitas vezes, esse mesmo agrônomo presta assistência a várias vinícolas da mesma região.

Quando visitei a Bodega El Escorial, no vale do rio Aconcágua, no Chile, tive a oportunidade de conversar com o agrônomo que estava cuidando dos vinhedos. Além de prestar seus serviços para El Escorial, ele trabalhava com várias outras vinícolas da região.

Na Bodega Sánchez de Loria, também no Aconcágua, a pessoa que cuida dos vinhedos é um antigo funcionário, prático, que domina os conhecimentos de cultivo das vinhas. Ele cuida dos vinhedos, das uvas e da colheita.

Nas grandes vinícolas, há sempre um ou mais engenheiros agrônomos contratados para cuidar dos vinhedos.

Na Bodega Campo Viejo, uma das maiores de Rioja, na Espanha, os engenheiros agrônomos utilizam drones para acompanhar o desenvolvimento dos vinhedos. Alguns trabalham no campo e outros monitoram os drones.

Em algumas, o agrônomo exerce a função também de enólogo, como na Companhia Real Portuguesa do Pinhão, no Douro, em Portugal.

Visitei essa vinícola várias vezes e fiquei impressionado e sensibilizado com o conhecimento e o comprometimento do engenheiro agrônomo com o meio ambiente, a terra, os vinhedos e as uvas. Produzem muito bons vinhos, incluindo o tinto Porca de Murça Reserva, que é o preferido da minha esposa, Ruth.

Os agrônomos são profissionais que amam a terra e as plantas e estão comprometidos com o meio ambiente e com a preservação da natureza. Eles conhecem e sabem quais as plantas que agregam aroma, que atraem os insetos bons e espantam os maus, e quais fazem bem aos vinhedos.

Sabem quais as plantas que, cultivadas no meio dos vinhedos, têm a capacidade de absorver a água excedente e desnecessária às vinhas.

É esse trabalho dos agrônomos que dá a algumas vinícolas a possibilidade de obterem o Certificado de Produtores de Vinhos Orgânicos e Naturais.

Com Alvaro Martinho na Quinta das Carvalhas em Douro, Portugal

AGRICULTORES, VITICULTORES...

Enólogos

É uma profissão com formação universitária. A função do enólogo é, após a colheita das uvas, acompanhar as fermentações e decidir quais vinhos serão varietais, monocastas, *blends* e quais irão estagiar em barricas de carvalho, por quanto tempo, e se vão ser um Reserva ou Reserva Especial.

Nas vinícolas pequenas e familiares, muitas vezes, é o próprio viticultor que faz a função do agrônomo e do enólogo. Ou então o agrônomo contratado também desempenha as duas funções.

Nas vinícolas de porte médio ou grande, os enólogos são profissionais contratados em tempo integral.

Nas vinícolas que possuem unidades para produção de vinhos em várias regiões, em cada unidade há um enólogo dedicado. O enólogo da unidade-sede é considerado o principal.

Os enólogos são profissionais sensíveis, criativos e inovadores, não têm medo de arriscar e estão sempre dispostos a introduzir novas castas, novos *blends*. Alguns são chamados de **gênios** ou **loucos** e ganham reconhecimento internacional.

Servindo vinho da barrica de carvalho

As funções conjuntas dos agrônomos e enólogos

Em princípio, as funções são bem definidas: o agrônomo cuida dos vinhedos, das uvas e da colheita, enquanto o enólogo transforma as uvas em vinho.

Nas vinícolas em que há o agrônomo e o enólogo, existe um constante diálogo entre os dois.

Durante o período em que as uvas estão crescendo, o enólogo acompanha com o agrônomo o desenvolvimento das uvas. Juntos, eles conseguem avaliar como estarão as frutas no amadurecimento.

Após a colheita, cabe ao enólogo decidir o que fazer com as uvas, se um vinho monocasta ou um *blend*. Se vai ser um monocasta *varietal* ou se vai para um nível mais alto de *Reserva*.

Se será um *blend*, ele então define quais uvas serão utilizadas e em qual proporção.

Muitas vezes, para produzir um vinho *varietal/econômico*, o enólogo pede ao agrônomo que, em determinado vinhedo, sejam mantidos todos os cachos que a vinha produzir. O objetivo é o alto rendimento, ou seja, colher uma quantidade maior de uvas naquele vinhedo.

Isso ocorre porque, normalmente, quando as vinhas começam a cachear, é feita uma poda em certo número de cachos para que haja concentração de nutrientes nos cachos que sobraram.

Para os vinhos varietais/econômicos, não é feita a poda, sendo mantidos todos os cachos que a cepa pro-

Enólogo Jean-Claude Martin, Creation Wines, África do Sul

duzir. A quantidade de uvas colhidas é fundamental.

Ezequiel Fadel, da Bodega La Azul, do Vale de Uco, em Mendoza, na Argentina, contou-me que já aconteceu de um vinhedo separado para vinhos varietais produzir, naquele ano, uvas tão extraordinárias que ele decidiu transformar em vinhos Especiais, Reservas, surpresas da natureza.

E vice-versa: vinhedos que produziam uvas sempre especiais, em um determinado ano, vieram com menos qualidade e acabaram sendo utilizadas para os varietais ou *blends*.

AGRICULTORES, VITICULTORES...

Enólogos criativos

Os bons enólogos são criativos e não têm medo de errar. Em vinícolas que visitei, vários enólogos relataram já ter pedido ao agrônomo para plantar e cultivar uma uva especificamente, que eles acreditavam que daria bons vinhos. Várias vezes acertaram e também erraram.

ADEMIR BRANDELLI, da **Don Laurindo**, é um enólogo com quem gosto muito de conversar.

Seu conhecimento de agronomia e a experiência em enologia dão-lhe a possibilidade de explorar, sem receio de errar, várias castas.

Visitar a Don Laurindo, caminhar pelo meio dos vinhedos ouvindo e absorvendo os conhecimentos do Ademir sobre as diversas castas de uvas, não tem preço. Para mim, ele produz o melhor Tannat do Brasil.

ÁLVARO MARTINHO, da **Quintas das Carvalhas** – Real Companhia Velha, do Pinhão, no Douro, é um agrônomo e enólogo que não tem dúvida em plantar novas castas e experimentar novos vinhos.

Uma característica desse agrônomo/enólogo é a preocupação com as plantas, as flores e os frutos que são plantados próximos dos vinhedos. Segundo ele, as uvas absorvem os aromas de todo o ambiente ao redor.
São os perfumes da natureza, agregando sabores e aromas aos vinhos.

ALEJANDRO VIGIL, de **El Enemigo**, em Mendoza, na última vez que nos encontramos, estava muito feliz com o resultado de seu monocasta com a uva Bonarda.

Considerado um gênio louco, ele abusa do seu direito de ser criativo e surpreender com vinhos extraordinários. Alejandro, gentil, extrovertido e carismático, alimenta-se de conhecimentos visitando vinícolas na Europa, principalmente Itália, França e Portugal.

DELPHINE BRULEZ é a engenheira e enóloga do *Chateau Louise Brison* de Noé-Les-Mallets, em Bar-sur-Seine, região vinícola de Troyes, França.

O Chateau Louise Brison produz champagnes vintage. Vintage são os champagnes que dependendo do clima, da chuva, do sol, da amplitude térmica, as uvas colhidas a cada ano possuem características próprias. Assim o champagne produzido a cada ano, tem aromas e sabores diferentes, próprios.

Segundo a enóloga Delphine Brulez, o desafio é, a cada ano, surpreender seus fiéis consumidores, com champagnes excepcionais.

DUARTE COSTA, da **Adega Ervideira**, de Reguengos de Monsaraz, no Alentejo, Portugal, descreveu em detalhes seu vinho d'água.

Ele colocou para estagiar 30.000 garrafas, a 30 metros de profundidade, em uma represa, sem luz e à mesma temperatura, por oito meses. E de onde lhe veio a ideia?

Contou-me que toda vez que há um naufrágio com um carregamento de vinhos, depois de algum tempo, quando recuperados, os vinhos voltam extraordinários. Por que não criar o mesmo ambiente artificialmente? Eu degustei os vinhos d'água da Ervideira, e são mesmo extraordinários.

EZEQUIEL FADEL é o proprietário e enólogo da **Bodega La Azul** do Vale de Uco, na região de Mendoza, na Argentina. Seus vinhos exprimem a simplicidade e energia que esta vinícola transmite a seus fiéis admiradores.

Além dos tintos, que são uma marca da região do Vale do Uco, a La Azul produz também muito bons vinhos brancos, que mostra a versatilidade do enólogo.

Visitar a La Azul e provar as harmonizações dos seus vinhos com o cardápio de comidas e grelhados é uma experiência inesquecível.

AGRICULTORES, VITICULTORES...

FRANCISCO FRÁGUAS da **Bodega Torreleones.** Há muitos anos, a Família Fráguas produz vinhos e os vendem para grandes produtores, que acabam sendo utilizados em blends com a marca do produtor.

Há alguns anos, Francisco foi para Rioja, na Espanha, para formação universitária em enologia. Após vários estágios em vinícolas da Espanha e da França, regressou a Mendoza e convenceu a família a criar uma marca e produzir seus próprios vinhos.

Daí surgiu a Bodega Torreleones, seus primeiros lançamento foram os ótimos Entreamigos tinto Malbec e branco Torrontés, com distribuição no Brasil. Para quem for a Mendoza, recomendo visitar a Torreleones. Além de ótimos vinhos, o enólogo Francisco Fráguas é um ótimo papo.

FRANCESCO MILZIADE é o proprietário e enólogo **da Colleallodole Milziade Antano** da região de Montefalco, na Úmbria, Itália.

O vinho desta região é o tinto Sagrantino, produzido com a uva do mesmo nome. O vinho Sagrantino de Montefalco é produzido pelo mesmo processo do Amarone da região do Vêneto de Valpolicella.

Em Montefalco me disseram que o melhor Sagrantino era o Milziade. Fui visitar e tive a oportunidade de conhecer, conversar com o Francesco e degustar alguns vinhos. Fiquei impressionado com seus métodos e processos da produção dos vinhos.

JEAN-CLAUDE MARTIN, enólogo da **Creation Wines** da região de Hermanus, na Africa do Sul. É reconhecido como um dos mais completos enólogos, com conhecimento extraordinário em harmonizações.

O segredo do sucesso do restaurante da Creation Wines é creditado ao conceito de incluir no cardápio de comidas as harmonizações recomendadas pelo enólogo.

Nesta região de Hermanus além dos vinhos brancos, produzem ótimos Pinot Noir.

LUÍS PATO, da região da Bairrada, é considerado um dois mais importantes enólogos e produtores de vinhos de Portugal

Em 1996 produziu, com enorme sucesso, o primeiro monocasta com a então relativamente desconhecida uva Baga. Portugal sempre teve tradição de produzir vinhos com *blends*/corte de no mínimo três uvas.

A partir de então, alegre e descontraído, Luís Pato não cansa de inovar, tanto com vinhos tintos como com os brancos.

MATT DAY enólogo da **Klein Constantia**, na região vinícola de Constantia, próximo da Cidade do Cabo na África do Sul.

É reconhecido como um dos enólogos mais importantes do País. Nesta região predomina a produção de vinhos brancos com as uvas Sauvignon Blanc, Chardonnay e Chenin Blanc.

Graças a qualidade excepcional na produção dos vinhos brancos, a Klein Constantia adquiriu reconhecimento mundial.

PATRICE LEGRAND é o proprietário da Domaine **La Cave aux Coquillages**, em Fleur-la-Rivière, na região de Champagne, França. Patrice combina seus conhecimentos de arqueologia e enologia para produzir um champagne muito especial

Seus vinhedos estão plantados em um solo que já foi mar. No subsolo, abaixo dos vinhedos há muitos resquícios do mar, conchas, fósseis e uma infinidade de nutrientes marinhos. Seu champagne possui sabores, aromas e harmonizações que os diferenciam de todos os outros.

AGRICULTORES, VITICULTORES...

MORIZE GUY
é o proprietário e enólogo da **Domaine Morize Père & Fils** de Les Liceys, em Bar-Sur-Seine, na região vinícola de Troyes, na França.

Les Liceys é reconhecida por produzir o melhor champagne rosé da França. A uva é a Pinot Noir, um clone diferente da Pinot Noir da Borgonha.

Há *tours* especiais de enoturismo somente para conhecer e degustar o famoso Rose de Liceys.

Morize Guy é reconhecido como um dos melhores produtores do rosé de Les Liceys.

PLINIO PIZZATO, da **Vinícola Pizzato**, no Vale dos Vinhedos, em Bento Gonçalves e Garibaldi, é um daqueles enólogos que fazendo uma analogia, por sua experiência, chamamos de "Sábio da Aldeia".

Em um dos nossos encontros ele me contou que, há algum tempo, decidiu plantar a uva Sémillon por acreditar que conseguiria fazer um bom vinho. Separou uma parcela do terreno, cuidou com carinho dos vinhedos e produziu um branco Sémillon a não dever nada para os de Bordeaux. Eu tenho degustado e é realmente muito bom!

VILMAR BETTÚ, de Garibaldi, é um dos mais criativos enólogos. Ele não possui vinhedos. Todos os seus vinhos são produzidos com uvas compradas de agricultores independentes. Seus monocastas são ótimos e os vinhos de corte, melhores ainda.

Seu segredo? Saber selecionar as uvas que ele compra lá de Cruz Alta, no sul do estado, e o processo quase artesanal que usa para produzir seus vinhos.

No nosso último encontro degustei um Nebbiolo a não dever nada aos do Piemonte.

O enólogo e a empresa

Com Blandine Rocault em Orches, Borgonha, França

Um dado importante é que o trabalho do enólogo está muito ligado aos interesses comerciais da vinícola. A produção dos vinhos, além da qualidade, leva em consideração os interesses financeiros do negócio.

Os vinhos varietais mais econômicos são os que chamo de "os vinhos do *cash flow*". São produzidos, engarrafados, levam um pequeno tempo de estágio nas garrafas e em seguida são colocados no mercado para vendas.

São os vinhos mais consumidos, os vinhos do dia a dia, que encontramos mais facilmente em supermercados e lojas de vinhos.

Normalmente, os vinhos que vão para as barricas de carvalhos estagiam por um período de, no mínimo, 9 a 12, 15, 18, 24 ou 36 meses, dependendo do projeto do enólogo.

Após o período determinado, são engarrafados e colocados no mercado com as classificações de Reserva ou Reserva Especial.

Pelo tempo que ficaram estagiando, são mais caros e, teoricamente, melhores.

Teoricamente, porque é como eu sempre digo: "O bom vinho é aquele que sabe bem na sua boca e cabe no seu bolso!".

A PRODUÇÃO DOS VINHOS

Nas páginas seguintes, você poderá acompanhar todos os processos de produção, desde a colheita das uvas até a elaboração dos vinhos.

As seleções das uvas, as fermentações, os estágios nas barricas de carvalho, a definição dos monocastas ou *blends*, os vinhos reservas, os de guarda e muito mais...

A PRODUÇÃO DOS VINHOS

Tintos – Brancos – Doces

Após a colheita, as uvas são levadas para a área industrial para a produção dos vinhos.

Em Rueda, na Espanha, e em várias regiões da África do Sul, produtores de vinhos brancos fazem a colheita à noite para manter o frescor na temperatura das uvas. A colheita noturna é realizada em várias outras regiões vinícolas, em todo o mundo.

O primeiro passo no processo de produção é a seleção das uvas, com a retirada dos pequenos ramos, talos e folhas. Em algumas vinícolas, é feita uma seleção pelo tamanho e pela qualidade das uvas, simultaneamente.

Em minhas visitas, encontrei vários e diferentes sistemas, máquinas e acessórios para esse trabalho.

PRENSAGEM E ESMAGAMENTO

Depois de separadas, selecionadas e limpas, as uvas vão para a prensa-

> **Na Poggio Antico,** em Montalcino, na Itália, acompanhei um grupo de homens e mulheres fazendo o trabalho de retiradas dos talos, das pequenas folhas e uma triagem das uvas manualmente. Na Casanova di Neri, também em Montalcino, e na Ruggeri, no Vêneto, são máquinas modernas que fazem esse trabalho.

gem e o esmagamento, para criação do mosto.

Mosto é o suco da uva após o esmagamento, antes e durante as fermentações. Depois das fermentações passa a ser chamado de vinho.

PESO DO MOSTO é a relação do açúcar e do álcool que a uva pode gerar. Há uvas que produzem mais açúcar e, consequentemente, na primeira fermentação, irão produzir mais álcool. São consideradas uvas com excelente peso de mosto.

Há uma variedade grande de máquinas para o esmagamento. Cada vinícola utiliza o sistema mais adequado às suas necessidades.

Os grandes produtores usam maquinários mais modernos, computadorizados.

Não encontrei nenhuma vinícola que faça utilização sistemática de *lagares* para a pisa das uvas.

Em Portugal, principalmente no Alentejo, encontrei várias vinícolas que estão construindo *lagares* de mármore, com o objetivo de incrementar o enoturismo.

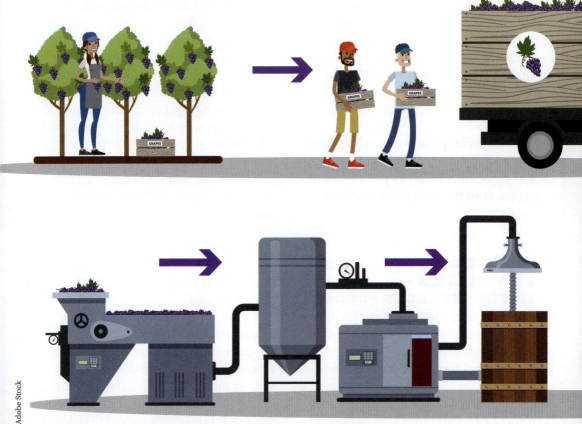

A PRODUÇÃO DOS VINHOS

Em lugares como Itália, França, Chile, Argentina, Uruguai, Napa, Sonoma, Rioja e Vale dos Vinhedos, há várias opções de *tours* de enoturismo, com a pisa da uva em lagares.

No esmagamento das uvas, toma-se muito cuidado para não prensar as sementes.

As sementes são carregadas de taninos, têm um gosto muito amargo e podem interferir nos aromas e nos sabores do mosto.

As cascas, os bagaços das uvas, com um pequeno resíduo de mosto, podem depois ser utilizadas para a produção de um destilado, uma aguardente que em Portugal é conhecida como *bagaceira*.

Na região de Valpolicella, no Vêneto, no esmagamento das uvas para o vinho **Amarone** é deixado conscientemente, junto às cascas, um resíduo maior de mosto. Esse resíduo, posteriormente, entra em um *blend* para a produção do **Ripasso**, um vinho popular, econômico e do dia a dia da região.

Na Úmbria, para o vinho Sagrantino, não se faz a prensagem. As uvas são colocadas inteiras para fermentação, com um pequeno corte na casca.

FERMENTAÇÕES ALCOÓLICA E MALOLÁTICA – TINTOS - BRANCOS - DOCES

São duas fermentações, produzidas normalmente em tanques de aço inoxidável e de cimento.

Encontrei fermentações sendo feitas em vasos de barro mais como experiência, ou novidade, nenhuma como uma opção sistemática de produção.

Após a prensagem das uvas, o mosto para a produção do tinto é colocado com as cascas nos tanques para o processamento das fermentações alcoólica e malolática.

A primeira fermentação é alcoólica, leva em média de 6 a 20 dias, enquanto a malolática leva até 60 dias.

A segunda fermentação é a malolática, acontece simultaneamente ou logo após a alcoólica.

Na produção dos vinhos Sagrantino na Úmbria, são colocadas para fermentar uvas inteiras, com um pequeno rompimento nas cascas. O tempo de fermentação leva até 90 dias.

PRIMEIRA FERMENTAÇÃO: ALCOÓLICA

O açúcar nas uvas, também chamado de frutose, é formado pela incidência do sol nas frutas e nas folhas.

A fermentação alcoólica é a transformação do açúcar da fruta em álcool, por meio da atuação de **leveduras**.

Leveduras são organismos vivos unicelulares, uma espécie de fungos já existentes nas frutas, que consomem o açúcar e o transformam em álcool.

Esse processo leva de 6 a 10 dias, podendo se estender até a 20 dias.

A quantidade de açúcar nas uvas é que vai determinar a quantidade de álcool gerado

Leveduras adicionais
Para acelerar a fermentação alcoólica e potencializar a transformação do açúcar em álcool, utiliza-se a técnica de acrescentar leveduras desenvolvidas em laboratórios especializados.

Os laboratórios duplicam e oferecem leveduras específicas para as diversas castas de uvas.

Assim, se estiver fermentando uvas Cabernet Sauvignon, a vinícola pode adquirir e acrescentar leveduras dessa mesma uva duplicadas em laboratórios.

Chaptalização
É um processo de acrescentar açúcar ou frutose ao mosto para aumentar a dosagem alcoólica do vinho.

Esse sistema foi criado no século XVIII pelo químico, físico e agrônomo francês Jean-Antoine Claude Chaptal (1756-1832).

A PRODUÇÃO DOS VINHOS

Chaptal estudou química na Universidade de Montpellier, onde desenvolveu seus conhecimentos de viticultur.Político, foi ministro da Agricultura, Comércio e Indústria de Napoleão Bonaparte.

O conceito do sistema criado por Chaptal tem o objetivo de compensar a falta do açúcar nas uvas, motivada por razões naturais.

Em anos de chuvas abundantes ou de pouco sol, quando não há condições adequadas para o desenvolvimento natural do açúcar nas uvas, o produtor pode adicionar ao mosto açúcar ou frutose, para obter a dosagem alcoólica mínima para a produção do vinho.

Países onde a chaptalização é permitida: França, Alemanha, Suíça, Nova Zelândia, Estados Unidos, Canadá, Chile e Brasil.

Países onde esse processo é proibido: Espanha, Itália, Áustria, Austrália, Califórnia (Estados Unidos), África do Sul e Argentina.

Vinhos brancos

A colheita e o esmagamento das uvas brancas são iguais aos das uvas tintas. Uma diferença interessante é que, em algumas regiões vinícolas, como na África do Sul e na Espanha, em Rueda, os produtores fazem a colheita noturna para manter o frescor das uvas.

A fermentação alcoólica é a mesma para os vinhos brancos. A diferença é que não inclui as cascas das uvas. Assim, não há a prensagem após as fermentações.

Vinho laranja

Para a produção do vinho laranja, coloca-se para fermentar com o mosto uma quantidade de cascas da uva, para que o mosto absorva um pouco da cor da casca. Dessa maneira, o vinho ganha uma cor alaranjada.

A uva Pinot Gris ou Pinot Grigio é considerada a melhor para a produção do vinho laranja

Vinhos doces, de sobremesa, vinho do Porto

A fermentação alcoólica é interrompida no meio do processo, para que uma parte do mosto tenha sido transformada em álcool e reste ainda uma parte de açúcar. Em seguida, é acrescentada uma aguardente destilada de uva.

O vinho fica mais encorpado, doce e com uma alta dosagem alcoólica.

Vinho do Porto, Sauternes, Ripasso e Tokaji são exemplos destes vinhos.

SEGUNDA FERMENTAÇÃO: MALOLÁTICA – VINHOS TINTOS

É a transformação do ácido málico em ácido lático.

Todas as frutas possuem um grau de acidez, umas mais que as outras. Uma maçã verde, por exemplo, um abacaxi e as frutas cítricas possuem altos graus de acidez. A uva é uma fruta com bastante acidez, que varia de acordo com as castas.

Há uvas com muita acidez e outras com muito pouca acidez.

Na fermentação malolática, bactérias lácteas, preexistentes nas uvas, transformam o ácido málico em ácido lático. Ou seja, transformam aquele ácido mais forte, que "pega na boca", em um ácido mais amanteigado, aveludado.

A fermentação malolática ocorre simultaneamente ou após a fermentação alcoólica.

Tannat, Baga, Negroamaro e Nero di Troia são uvas com bastante acidez e uma fermentação malolática mais longa.

Ácido lático x Queijo x Degustações de vinhos tintos

Tecnicamente, a utilização de queijo na degustação mascara os defeitos do vinho. Assim, em degustações oficiais ou mesmo de enoturismo, não deveria haver queijo.

Eu gosto muito de degustar vinhos saboreando um bom queijo. Para mim, é um princípio que não se aplica. Prefiro priorizar meu prazer e deixar esta regra para os profissionais.

PRENSAGEM E SEPARAÇÃO

Após as fermentações alcoólica e malolática, o vinho é submetido à prensagem para separar o vinho das cascas.

Essas cascas podem ser utilizadas para a produção de aguardente, ou então transformadas em adubos orgânicos.

O vinho branco não requer essa prensagem, pois a fermentação já é produzida sem as cascas.

A PRODUÇÃO DOS VINHOS

Barris de carvalho

ESTÁGIOS EM BARRIS DE CARVALHO

Após as fermentações, por opção dos enólogos, o vinho é colocado para estagiar em barricas de carvalho para absorção de aromas e taninos provenientes das madeiras.

Os carvalhos mais utilizados são franceses, americanos e húngaros.

As barricas são classificadas pelos anos de utilização: primeiro uso, segundo uso, e assim por diante.

Os vinhos que estagiarem em barricas de carvalho de primeiro uso irão absorver os aromas e os taninos ainda virgens. Nas barricas de primeiro uso estagiarão os Grand Cru, Reserva Especial e Grand Reserva.

Nas barricas de segundo uso estagiarão os Reserva, Premier Cru e Reserva de Família. As barricas são utilizadas em média cinco vezes, geralmente também por cinco anos. Posteriormente, são usadas para a produção de destilados. Algumas acabam tornando-se objetos de decoração.

Normalmente, os vinhos estagiam por 9, 12, 18, 24 ou 36 meses, mas tudo depende da programação e da decisão do enólogo.

O tempo de estágio depende também da obrigatoriedade estabelecida pelas DOC e DOCG que controlam a qualidade dos vinhos em cada região.

Assim, a DOCG de Montalcino estabelece que o vinho classificado como Brunello tem que estagiar em barricas de carvalho por 36 meses.

O Sagrantino da Úmbria estagia por 42 meses.

Os estágios nas barricas variam para as diversas classificações de vinhos, nas diversas regiões de todo o mundo.

Vinhos brancos estagiando em carvalho

Normalmente, os vinhos brancos, após a fermentação, vão direto para as garrafas, mas em minhas viagens encontrei regiões e vinícolas que estagiam os brancos em barricas de carvalho.

África do Sul

É uma região de predominância do vinho branco. As principais uvas são Sauvignon Blanc, Chardonnay e Chenin Blanc. A grande maioria da produção se destina à exportação para a Europa e os Estados Unidos. Degustei vários desses vinhos e, apesar de a Sauvignon Blanc e a Chardonnay serem as mais importantes, gostei mais da Chenin Blanc. Inclusive, em almoços e jantares com frutos do mar, a Chenin Blanc harmonizou muito bem.

O tempo de estágio nas barricas de carvalho é de, em média, 12 meses.

Chablis (França)

É uma região de vinhos brancos, predominantemente da uva Chardonnay. Seguem as mesmas classificações da Borgonha, *Premier Cru*, *Grand Cru* e *Village*.

Os vinhos brancos de Chablis são considerados os melhores do mundo na harmonização com frutos do mar. Os classificados como *Premier Cru* e *Grand Cru* estagiam em carvalho.

Alsácia (França)

É uma região também dedicada à produção de vinhos brancos.

As principais uvas são a Riesling e Silvaner, para os secos, e a uva Gewürztraminer, para os doces.

Nessa região, os vinhos brancos são colocados para estagiar em barricas de carvalho e utilizam também as classificações de Borgonha, *Village*, *Premier Crus* e *Grand Crus*.

Em meus dois volumes do livro *Viagens Vinhos História*, há textos específicos sobre a África do Sul, Chablis e Alsácia.

POLIFENÓIS: TANINOS E RESVERATROL

Uma das maiores virtudes do vinho é sua contribuição para nossa saúde.

É comum ouvirmos sommeliers, em suas apresentações, ao falarem dos aromas, sabores e harmonização com as comidas, mencionarem que o vinho faz muito bem para a saúde, principalmente para o coração.

Vou então explicar, de uma maneira não técnica, o que são essas substâncias encontradas nas uvas e que realmente fazem bem para nossa saúde.

Polifenóis

São substâncias químicas encontradas em verduras, frutas, cereais, castanhas, amêndoas, chás e outros alimentos. Atuam como antioxidantes, inibindo a ação dos radicais livres e combatendo o envelhecimento das células. Atuam também na prevenção de doenças cardiovasculares, têm efeito anti-inflamatório e auxiliam na prevenção do câncer.

Os principais polifenóis são o tanino, o resveratrol, a flavona, a quercetina e os ácidos fenólicos.

Nas uvas encontramos, principalmente, o tanino e o resveratrol.

A PRODUÇÃO DOS VINHOS

Taninos

São polifenóis encontrados nas frutas, nozes, amêndoas, castanhas, chá preto, chocolate amargo, cravo, canela, açaí, romã e uvas.

Nas uvas, estão principalmente nas sementes, cascas e caules. Quanto mais escura a casca da uva, mais taninos ela tem.

Tannat, Baga, Negroamaro, Nebbiolo, Syrah e Cabernet Sauvignon são exemplos de uvas tânicas.

Os taninos são liberados e incorporados ao mosto quando é feita a prensagem das uvas. Eles dão estrutura e textura ao vinho. Quanto maior o nível de tanino, mais estruturado é o vinho. Os vinhos tânicos são mais encorpados e com a cor vermelha mais escura.

Os taninos são antioxidantes. Além de inibir os radicais livres no nosso organismo, combatem o envelhecimento de nossas células. Também funcionam como prolongador do tempo de vida dos vinhos, a longevidade.

Os vinhos de guarda possuem um elevado nível tânico.

A madeira dos barris de carvalho é muito rica em taninos. Os vinhos que estagiam nesses barris absorvem, além de aromas e sabores, grande quantidade dos taninos da madeira. Um vinho que estagia em uma barrica de primeiro uso absorve o melhor da madeira.

Os carvalhos franceses, americanos e húngaros são os preferidos pelo elevado grau de taninos e aromas que podem agregar aos vinhos.

É comum ouvirmos nas apresentações dos sommeliers que "os taninos são equilibrados" ou que "os taninos são suaves", ou ainda "vinho tânico". Tudo isso está relacionado aos níveis de

Castanhas: polifenóis

tanino que o vinho possui.

Vinho tânico é o que apresenta um alto nível de tanino. Geralmente, os vinhos da uva Tannat, Baga e Negroamaro são sempre bem tânicos.

Taninos suaves são os vinhos com menor nível de taninos.

Tanino estruturado é quando há harmonia e equilíbrio entre os taninos das uvas e os taninos absorvidos do carvalho.

O tanino no vinho é percebido pela adstringência, ao beber. É comum dizer que o vinho "pega na boca". Os vinhos mais jovens, *varietais*, que saem da fermentação para as garrafas, tendem a ser mais adstringentes. Inclusive, deixam na boca uma sensação de secura.

Com o passar do tempo, os taninos vão amadurecendo e suavizando, fazendo com que o vinho ganhe uma textura menos adstringente, menos "dura" na boca.

Os vinhos de guarda, com o passar

do tempo, vão amaciando seus taninos e tornando seus vinhos macios e aveludados.

Quanto à harmonização com as comidas e tira-gostos, os vinhos tânicos combinam mais, em termo de sabor, com pratos gordurosos, pesados, temperos fortes e queijos maduros.

Uma função do tanino é quebrar o peso excessivo e facilitar a digestão desses alimentos.

As uvas brancas possuem poucos taninos, e assim os **vinhos brancos** são menos tânicos.

Já os vinhos brancos que estagiam em barricas de carvalho absorvem taninos da madeira.

Alguns deles, inclusive, tornam-se vinhos de guarda.

Resveratrol
É outro polifenol encontrado nas sementes e nas cascas das uvas tintas.

Suas principais ações ocorrem nas artérias, no coração e no fígado, reduzindo o mau colesterol, LDL, e aumentando os níveis do bom colesterol HDL.

ACIDEZ – LONGEVIDADE – VINHOS DE GUARDA
A acidez é considerada uma das mais importantes características das uvas. Está diretamente relacionada à maciez, à suavidade e à longevidade dos vinhos.

As uvas têm um composto orgânico natural chamado de **ácido tartárico**, que, na prensagem da uva, é incorporado naturalmente ao mosto e que continua quimicamente interagindo com o vinho.

A função do ácido tartárico é reduzir o risco da oxidação, ou seja, evitar que o vinho se torne vinagre. O ácido tartárico, com o amadurecimento dos taninos, potencializa a longevidade dos vinhos.

Vinhos longevos e de guarda apresentam altos níveis de taninos e acidez.

Há uvas que, por terem pouca acidez, produzem vinhos que devem ser consumidos em pouco tempo, pelo risco de oxidação.

Dois bons exemplos são as uvas Gamay, do vinho Beaujolais, e a Glera, do espumante Prosecco.

> **Na minha última viagem a Bordeaux,** os enólogos estavam preocupados com a queda na acidez da uva Merlot que estavam colhendo. A solução encontrada foi introduzir no famoso Corte Bordalês uma quantidade maior da uva Cabernet Franc, para agregar mais acidez ao vinho.

Borras
São sedimentos que ficam no fundo das garrafas de vinhos tintos, principalmente os mais longevos. São compostos por taninos que se desprenderam do vinho e de cristais derivados do ácido tartárico.

Vinhos jovens – Varietais
Após a fermentação malolática nos tanques de aço inoxidável, o vinho já é engarrafado. A longevidade desse vinho vai ser determinada pela acidez e pelos taninos das uvas utilizadas em sua produção. Mas, na maioria das vezes, são vinhos que devem ser degustados em cinco a dez anos.

A PRODUÇÃO DOS VINHOS

Vinhos que estagiam nas barricas de carvalho

Eles adquirem uma espécie de sobrevida. Com a absorção de aromas e, principalmente, de taninos, aumentam sua longevidade.

Se o vinho estagiar em barricas de carvalho por 12 meses, ele ainda evolui por vários anos.

Se ficar nas barricas por 24, 36 meses, o tempo de evolução e de longevidade do vinho aumenta.

A longevidade do vinho está relacionada ao tempo de estágio nas barricas.

Monocasta

São os vinhos produzidos com uma única uva.

Normalmente, o nome da uva é destacado nos rótulos das garrafas. Os vinhos *varietais* são geralmente monocastas.

Mas há vinhos especiais que, por determinação de suas DOCG (Denominação de Origem Controlada e Garantida), são produzidos com uma única uva.

São os casos dos vinhos tintos da Borgonha, produzidos exclusivamente com a uva Pinot Noir, dos vinhos Negroamaro e Primitivo na Puglia, do Sagrantino na Úmbria, do Nebbiolo no Piemonte e do Brunello em Montalcino.

Blend/corte/mistura

São os vinhos produzidos com duas ou mais uvas.

Um dos *blends* mais icônicos é o Corte Bordalês, de Bordeaux, na França, uma mistura de Cabernet Sauvignon e Merlot, reproduzido hoje por vinícolas em todo o mundo.

Cabe aos enólogos escolherem as uvas para a produção dos *blends*.

Barris de carvalho para estágio

Geralmente, é uma combinação que busca aproveitar características de cada uva.

Por exemplo, um *blend* da uva Tannat com a Merlot busca combinar o corpo, a textura e o vermelho intenso da primeira com o corpo leve, a suavidade e o aroma da segunda. Assim, cria-se um vinho mais equilibrado.

Há uvas que entram nos *blends* para adicionar cor, como as uvas Teinturier e Alicante Bouschet.

Há outras que entram para adicionar aroma, como a Graciano, de Rioja.

Normalmente, as combinações são feitas de uma uva colhida **a tempo** ou **tardia** com uma uva de **colheita antecipada**.

154

Em Portugal, culturalmente, os vinhos são produzidos em *blends* de três ou mais uvas.

No Brasil, a denominação é **corte**. O termo **mistura** é usado na Espanha e nos países de língua espanhola.

ENGARRAFAMENTO, VENDA E DISTRIBUIÇÃO

Cumpridas todas essas fases, os vinhos são engarrafados, deixados um tempo ainda para evoluir nas garrafas e colocados no mercado para consumo.

Os vinhos jovens e *varietais* são os primeiros a irem para o consumo. São eles que irão gerar as primeiras vendas. São os vinhos mais econômicos, do dia a dia. Por terem uma evolução mais curta, devem ser consumidos mais rapidamente.

Os vinhos Reserva, Reserva Especial, Premier Cru e Grand Cru são colocados no mercado após cumprirem os estágios nos barris de carvalho e algum tempo nas garrafas. É o vinho um pouco mais caro e que pode ser guardado por um tempo maior. São os considerados vinhos de guarda.

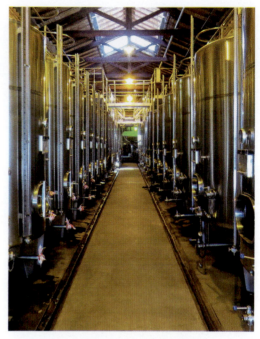

Barris de aço inoxidável para fermentação

Os espanhóis de Rioja e Ribera del Duero vendem muito de seus vinhos na Alemanha. Há uma ligação histórica que remonta à época da Segunda Guerra Mundial. O general Franco, ditador espanhol, mantinha uma relação cordial com Hitler. Mesmo depois de terminada a guerra, as relações comerciais se mantiveram.

Vinhos de guarda são os vinhos tintos com longevidade maior. Podemos guardá-los por um tempo e consumi-los quando completarem o tempo total de sua evolução.

Tenho na minha adega pessoal alguns vinhos de guarda. Sempre que decido degustar algum deles, o faço com certo rito. Abro, retiro a rolha, coloco para decantar por 30 minutos. Sinto o aroma, várias vezes, movimentando o cálice. Aprecio a cor e degusto sempre com tira-gostos. Assim, a preferência do meu paladar vai para o sabor do vinho.

Dizem que devemos degustar um vinho de guarda em um momento especial.

Degustar um vinho de guarda, por si só, já é um momento especial!

A PRODUÇÃO DOS VINHOS

VINIFICAÇÃO DE CHAMPAGNES E ESPUMANTES

A produção dos champagnes e espumantes passam por duas fermentações, sendo que, a primeira fermentação – alcoólica, é processada como todos os outros vinhos, em barricas de aço inoxidável.

Para a segunda fermentação há vários métodos e processos, mas dois são mais conhecidos e utilizados, *champenoise* e *martinotti/charmat*.

Método Champenoise, Tradicional ou Clássico

A primeira fermentação, a alcoólica, como disse anteriormente, é idêntica aos vinhos tintos, brancos e doces.

Na segunda fermentação, o vinho básico é colocado dentro de garrafas, adicionando uma quantidade de fermento e açúcar, 24 g por litro. Esta mistura é chamada de *licor de tirage*.

Neste primeiro momento a vedação é feita com um tampão provisório. As garrafas são colocadas para estagiar. O champagne estagia, normalmente, 15 meses.

Champagnes de anos especiais chegam a ficar estagiando por 3 a 5 anos. Neste período, o dióxido de carbono desenvolvido dentro das garrafas cria borras.

Após o tempo dedicado aos estágios, as garrafas são preparadas para a retirada das borras.

São colocadas em uma estante, com o gargalo para baixo, e diariamente são giradas *(remuées)* manualmente, um quarto de volta, para um lado e para o outro. Isto para que as borras se desprendam, desçam, e se concentrem próximo do tampão.

A cada dia muda-se a posição das garrafas, deixando-as, cada vez mais, com o gargalo reto, para baixo.

Estes procedimentos são feitos por 10 – 14 dias, ou em champagnes especiais, 8 – 10 semanas.

É um trabalho feito manualmente, mas em grandes produtores há máquinas que processam esses movimentos.

O passo seguinte é a remoção das borras e a vedação definitiva das garrafas.

Com um sistema automatizado, os gargalos das garrafas são congelados em um banho de salmoura a -25° C, quando então o tampão provisório e as borras acumuladas são expulsas pela pressão do gás que foi formado durante o primeiro estágio.

Em seguida, o pequeno volume de líquido perdido neste procedimento é substituído por uma mistura de vinho e açúcar, chamado de *licor de dosagem* ou *licor de expansão*.

O *licor de dosagem* é normalmente composto por quantidades mínimas de enxofre, como conservante, vinho e açúcar. Mas varia de acordo com os produtores, podendo incluir, vinho velho de champagne, vinho do Porto, conhaque, açúcares especiais, licor de cereja e aguardentes.

A quantidade de açúcar desta mistura é que irá determinar se o champagne será *extra brut, brut, demi sec*.

Após a inclusão do licor de dosagem é colocada a tradicional rolha de cortiça, para vedação das garrafas.

É na segunda fermentação que são criadas as bolhas de dióxido de carbono, as famosas *pelages (bolinhas)*.

Totalmente vedadas e livres das borras, as garrafas são colocadas para estagiar por algum tempo, ou então, já colocadas no mercado, de acordo com

Champagnes em estágio

decisões do enólogo e da empresa.

Todos esses procedimentos e estágios justificam os altos preços do champagne.

Os champagnes produzidos na região de Champagne na França, e Franciacorta na Itália, são produzidos, obrigatoriamente, pelo método champenoise.

Método Martinotti/Charmat
Este método foi criado pelo Professor Federico Martinotti de Asti, na Itália, em 1895. Em 1907, o francês Eugene Charmat acrescentou algumas pequenas alterações e registrou o método em seu nome.

Na França e em grande parte do mundo é conhecido como método Charmat. Na Itália e em alguns países da Europa é conhecido com Martinotti/Charmat.

Por este método, a primeira e a segunda fermentações são feitas em barris de aço inoxidável.

Na segunda fermentação é também adicionado o licor de dosagem, composto da mistura de vinho e açúcar, para formação das *pelages* (bolinhas).

Todos esses procedimentos levam cerca de 3 a 6 meses. Assim é possível produzir grandes quantidades de espumantes em menos tempo, e a preços mais econômicos.

A grande maioria dos espumantes, inclusive os Proseccos, são produzidos pelo método Martinotti/Chamat.

A PRODUÇÃO DOS VINHOS

Enoturismo na Buena Vista Winery em Sonoma, EUA

VENDAS E EXPORTAÇÕES

A maioria das vinícolas realiza vendas diretas e exportações ou por meio de distribuidores espalhados pelos países.

As vinícolas da Europa, além do mercado local, do país onde estão localizadas, distribuem seus vinhos na Comunidade Europeia.

Italianos, franceses, espanhóis e portugueses são grandes consumidores de vinhos, assim como belgas, holandeses, noruegueses e finlandeses.

Uma grande parcela dos vinhos produzidos na Europa vai para exportação, principalmente para o Reino Unido e os Estados Unidos.

As vinícolas de Bordeaux têm por tradição exportarem bastante para a China.

Os produtores da Hungria vendem bastante para o Leste Europeu.

Os vinhos produzidos nos vales de Sonoma e Napa, na Califórnia, são vendidos em sua maioria no próprio e extraordinário mercado interno americano. Uma pequena parte da produção vai para o Japão, a Inglaterra e o mercado comum europeu.

Na África do Sul, 90% da produção de vinhos, em sua maioria brancos, seguem para exportação.

Os principais mercados são a Inglaterra, a Holanda e os Estados Unidos.

Durante as minhas visitas às vinícolas da Europa, África do Sul e Estados Unidos, um dos temas que eu gostava de abordar era justamente as vendas e a distribuição. Aproveitava para perguntar sobre o Brasil.

Para a maioria com quem eu conversava, o mercado brasileiro não é significativo em termos de exportação.

Além de o consumo ser ainda relativamente pequeno, a taxa de câmbio, os altos impostos e, principalmente, a burocracia que enfrentam para processar uma exportação são desestimulantes.

Recentemente, visitando vinícolas em Barbaresco, no Piemonte, na Itália, um produtor me disse que os dois piores lugares para exportar vinhos são o Brasil e o Canadá.

Também na Úmbria, do extraordinário vinho Sagrantino, me disseram que não há qualquer interesse em exportar para o Brasil, pelas dificuldades encontradas no processamento das exportações.

Na América do Sul, os grandes exportadores são as vinícolas do Chile.

Em uma viagem para a Dinamarca, o vinho que estava sendo oferecido como atração no restaurante onde fomos almoçar era chileno.

Visitando a Tenuta Castello Banfi, em Montalcino, fiquei surpreso ao ver na loja de vinhos da própria vinícola o conhecidíssimo Casillero del Diablo, da chilena Concha y Toro. Disseram-me, com certo orgulho, que eles eram um dos representantes desse vinho na Itália.

A Argentina, o Chile e o Uruguai, além de suprir o mercado interno, exportam para o Brasil, para outros países da América Latina, para os Estados Unidos e para a Comunidade Europeia.

O Brasil vende seus vinhos principalmente no mercado interno. Algumas vinícolas também exportam uma pequena parcela para a Europa e Estados Unidos.

O VINHO MAIS VENDIDO DO MUNDO

Uma pesquisa da consultoria inglesa Wine Intelligence em 25 países, com cerca de 25 mil pessoas, concluiu que a marca de vinho mais poderosa do mundo, o vinho que mais vende em todo o mundo é o australiano **Yellow Tail**.

Em segundo lugar ficou o chileno **Casillero del Diablo**.

Ambos os vinhos foram desenvolvidos para se tornarem marcas mundiais.

Para o desenvolvimento do Yellow Tail, os produtores australianos focaram no mercado interno dos Estados Unidos. Durante um ano, fizeram pesquisas para identificar as características ideais que atendessem ao gosto dos consumidores americanos. Bebedores de cerveja e bourbon desejavam um vinho simples, com pouco corpo, sem discussões sobre aromas, taninos, sabores e ao preço de 5 dólares a garrafa. O Yellow Tail é o vinho tinto mais vendido no interior dos Estados Unidos.

O Casillero del Diablo é hoje uma marca que oferece várias opções de vinhos. Em 2020, com a pandemia da covid-19, a empresa lançou um Casillero Econômico. Seu sucesso está na excepcional narrativa criada pelo departamento de marketing e na distribuição mundial.

ENOTURISMO

É o turismo de visitas a vinícolas, com *tours* pelas dependências e degustação de vinhos.

Cresceu muito nos últimos 20 anos e tem movimentado a economia das regiões.

Além de trazer benefícios diretos para as vinícolas, movimenta todas as áreas de turismo incluindo agências, hotéis, restaurantes e serviços em geral.

Há cidades em todo o mundo como Bento Gonçalves, Garibaldi, Epernay, Beaune, Chablis, Barolo, Valdobbiadene, Greve in Chianti, Napa, Sonoma, Peso da Régua, e muitas outras que possuem como vocação econômica a cultura do vinho e o enoturismo.

ENOTURISMO

O enoturismo é hoje um fator importante na promoção das vinícolas e na divulgação de seus vinhos, com impacto direto em suas receitas. Nos últimos anos, acredito que tenha visitado e feito enoturismo em cerca de 250 vinícolas, em 10 países.

Foram então cerca de 250 *tours*, com diferentes sommeliers e degustações de vários vinhos. Se calcularmos uma média de cinco vinhos por visita, devo então ter degustado cerca de 1.250 diferentes vinhos. Somente durantes as visitas de enoturismo. Na maioria das vinícolas, as visitas são muito parecidas.

Consiste em um *tour* pelas instalações, conduzido por um guia, que durante o passeio vai contando a história da vinícola e explicando a função de cada setor.

O *tour* se inicia com a visita ao setor mais industrial, onde estão os maquinários de seleção das uvas, as prensagens, os tanques de aços inoxidáveis, onde são processadas as fermentações. Depois, os salões das barricas de carvalho, onde os vinhos ficam estagiando, e por fim a degustação.

Normalmente, é o próprio guia que apresenta a degustação dos vinhos.

Em algumas vinícolas, o *tour* se inicia com uma visita a um vinhedo ou a um canteiro onde estão plantadas várias castas, como uma espécie de mostruário.

Esta é uma descrição típica de uma visita de enoturismo.

Com o objetivo de atrair visitantes, as vinícolas têm sido muito criativas nas narrativas, na elaboração e na apresentação de seus *tours*.

Os *tours* podem ser feitos em grupo, privativo em grupo ou privativo individual.

Em grupo é quando você vai à vinícola e faz o *tour* com outras pessoas que estão também visitando o local.

No privativo em grupo, você faz o *tour* por meio de uma agência especializada. Você participa com outras pessoas levadas por essa agência.

No privativo individual, você contrata o *tour* exclusivamente.

Normalmente, sempre que visito as vinícolas, dou preferência a um *tour* privativo individual.

Assim, tenho toda a atenção do guia e posso fazer as perguntas que preciso para os textos dos meus livros.

Na grande maioria das vinícolas no Vale dos Vinhedos, Garibaldi, Bento Gonçalves e Pinto Bandeira, o enoturismo é exclusivamente degustação de vinhos, com opções de petiscos e tira-gostos.

Confira alguns exemplos de *tours* e opções de enoturismo diferenciado de que participei durante minhas viagens.

Cave Geisse

São produtores de um dos melhores espumantes do Brasil. Estão localizados em Pinto Bandeira, próximo de Bento Gonçalves, no Rio Grande do Sul.

Há um *tour* padrão como o que descrevi anteriormente.

Do lado de fora das dependências, há um grande quiosque, uma espécie de *open bar*, com bancos e mesinhas espalhadas sob as árvores. Ali você pode

Open Bar na Cave Geisse em Pinto Bandeira, Rio Grande do Sul

degustar vários vinhos com petiscos.

Há também um *tour* muito especial, somente em dias específicos.

É individual, para um casal ou para três pessoas. Com um guia em um veículo 4x4, você percorre a mata que circunda as dependências, passa por cachoeiras e vinhedos. No trajeto há várias paradas para degustação de espumantes. A degustação ao lado do riacho e da queda-d'água é especial.

Este *tour* é muito concorrido e precisa ser reservado com muita antecedência. O *tour* é cancelado se estiver chovendo.

Vinícola Salton
Fica no distrito de Tuiuty, em Bento Gonçalves, Rio Grande do Sul. É um *tour* padrão, mas com algumas atrações especiais. Como a família é pioneira na produção de vinhos no Brasil, o *tour* pelas instalações rememora grande parte da sua história.

Uma das atrações são as reproduções dos dois cálices que serviram o vinho Salton aos papas Bento XVI e Francisco, quando de suas visitas ao Brasil. A Salton é a vinícola autorizada pela Cúria Metropolitana para a produção do vinho canônico, o vinho da missa.

Vinícola Peterlongo
Localizada em Garibaldi, no Rio Grande do Sul, foi a primeira vinícola a produzir champanhe no Brasil.
A principal atração do *tour* é a visita a um pequeno museu, que tem um acer-

ENOTURISMO

Cálices dos Papas Bento XVI e Francisco na Vinícola Salton em Bento Gonçalves, Rio Grande do Sul

vo com várias fotos e objetos antigos, contando a história da Peterlongo.

Viu Manent
Em Santa Cruz, Colchágua, no Chile. O início do *tour* se dá em uma grande charrete puxada por cavalos, onde cabem umas dez pessoas. O passeio de charrete começa na sede central da vinícola, passa pelos vinhedos e vai até as dependências industriais. Lá o *tour* é feito caminhando por entre os tanques de aço inoxidável e os barris de carvalho.

Em certo momento do passeio, é oferecido um vinho para degustação.

A volta para a sede central é de novo de charrete. Lá, então, em um grande salão, é feita a degustação dos vários vinhos. Conta com um ótimo restaurante, muito concorrido, com mesas sob as árvores. Reservas com antecedência.

Viña Montes
Em Santa Cruz, Colchágua, no Chile. O *tour* dessa vinícola se inicia em um pequeno caminhão com bancos na carroceria. Passeando pelos vinhedos, somos levados a um mirante no alto de um morro, com uma vista espetacular do vale do rio Tinguiririca. De lá, além dos vinhedos da própria vinícola, dá para observar os das vinícolas ao redor.

De volta à sede central, o *tour* é padrão. Possui também um bom restaurante, com mesas de frente para os vinhedos.

Muito concorrido. Recomenda-se reservar com antecedência.

Viña Carmen
Em Santa Rita, no vale do rio Maipo, em Santiago, no Chile. Nessa vinícola, há várias opções de *tours*. O mais

procurado é o padrão, mas o mais interessante é o que visita o lendário vinhedo onde foi redescoberta a uva Carménère, em 1992.

Há ainda um lindo museu e um ótimo restaurante. Atende visitas em grupo e individuais.

Concha y Toro
No vale do rio Maipo, em Santiago, no Chile. Uma das vinícolas mais visitadas pelos brasileiros no Chile. O *tour* é padrão e tem como atração especial a lenda do Casillero del Diablo. Possui um ótimo restaurante. Recomendo fazer a reserva com antecedência.

Viña Undurraga
No vale do rio Maipo, em Santiago, no Chile. O *tour* é padrão, iniciando por uma visita a um pequeno vinhedo, com diversas castas de uva. Quando fiz o *tour*, o guia, muito espirituoso, disse: "Antes de iniciar o *tour*, vamos saber de que países são todos. Quem não é do Brasil?". Éramos 17 pessoas, e somente duas não eram do Brasil.

O Brasil representa cerca de 90% do enoturismo do Chile.

La Azul e El Enemigo
Em Mendoza, na Argentina. A atração dessas duas vinícolas é o almoço com degustação de vinhos.

La Azul fica no Vale de Uco, a cerca de 90 minutos ao sul de Mendoza, em um ambiente rural e despojado. O proprietário, Ezequiel Fadel, é um cara muito especial. Você se sente em casa.

Viña Carmen, Santiago, Chile

ENOTURISMO

Enoturismo na FEA Vinhos Cartuxa em Évora, Portugal

El Enemigo está localizada em Maipú, nos arredores de Mendoza, e uma das atrações é a presença constante do proprietário e enólogo Alejandro Vigil, circulando e esbanjando simpatia.

São dois lugares especiais e distintos. Se visitar Mendoza, considero imperdível almoçar nas duas vinícolas. Requerem reservas com antecedência.

Fundação Eugênio Almeida
Está localizado em Évora, no Alentejo, em Porugal, e são os produtores do ícônico Pêra Manca e dos vinhos Cartuxa. A visita começa com um audiovisual contando a história da Fundação e depois o *tour* segue igual aos outros.

Em especial é que, havendo disponibilidade, cada pessoa pode comprar uma garrafa do Pêra Manca ao preço da vinícola.

Adega Dona Maria
Em Estremoz, no Alentejo, em Portugal. O *tour* é padrão e não há visita a vinhedos.

A principal atração é a possibilidade de um almoço nas dependências do casarão histórico da família, com degustação de vinhos e com a presença da proprietária, dona Isabel Bastos.

Esse almoço deve ser marcado com antecedência e para um número restrito de pessoas.

Monte da Ravasqueira
Em Arraiolos, no Alentejo, Portugal. É uma antiga propriedade, muito bem conservada.

A principal atração do *tour* é a visita a um museu de charretes de corrida. Os proprietários, há muitos anos, participavam de corridas nacionais e internacionais de charretes.

Depois, um passeio pelas dependências, a degustação é em um antigo galpão decorado com objetos históricos.

Quinta do Seixo – Sogrape – Casa Ferreirinha

No Pinhão, região do Douro, em Portugal. É proprietária das marcas Ferreirinha, dos tintos Esteva, Papa Figos e Vinhas Grandes, do icônico Barca-Velha e dos famosos vinhos do Porto Ferreira e Sandeman. Oferece *tour* de degustação padrão, mas o charme está na caracterização do guia e sommelier, vestido do personagem Sandeman.

A degustação ocorre em um grande salão, com uma enorme varanda com vista para o rio Douro.

Quinta das Carvalhas – Real Companhia Velha

No Pinhão, região do Douro, em Portugal. Para mim, é um dos mais interessantes. O *tour* se inicia com um

Quinta das Carvalhas em Douro, Portugal

passeio em cima de uma carreta, que sobe todo o morro, até o topo, com paradas para fotos. Durante o trajeto, o guia vai explicando sobre os vinhedos e o compromisso da vinícola com o meio ambiente.

Lá do alto, a visão do rio Douro é simplesmente deslumbrante. Os vinhedos que ficam do outro lado do rio parecem uma colcha de retalhos, muito lindos.

Após o passeio, a degustação é padrão. São os produtores do vinho Porca de Murça.

Luís Pato

Na região da Bairrada, em Portugal. Não há um *tour* padrão. Essa adega promove almoços e eventos com degustações de vinhos, abertos ao público mediante reserva antecipada.

Além dos ótimos vinhos, muitos desses eventos contam com a presença e participação do lendário vitivinicultor Luís Pato.

Château La Nerthe

Em Châteauneuf-du-Pape, na França. Vinícola histórica fundada por Joseph Ducos, personagem lendária na época da filoxera. Na cave subterrânea estão

Enoturismo no Monte da Ravasqueira em Arraiolos, Portugal

ENOTURISMO

Chateau des Fines Roches em Châteauneuf-du-Pape, França

as adegas com paredes falsas, utilizadas para esconder os vinhos dos nazistas, durante a Segunda Guerra Mundial. O *tour* é padrão. É uma vinícola que recomendo visitar.

Mer de Pierres (Mar de Pedras)
Em Châteauneuf-du-Pape, na França. São vinhedos situados sobre um mar de pedregulhos, com cerca de sete metros de profundidade.

Não há praticamente nada de terra. Peça ao seu guia de turismo para levá-lo até este lugar.

Clos de Vougeot
Em Beaune, na França. É o lugar onde os frades da Ordem de Císter ficavam durante o plantio, a colheita das uvas e a produção de vinhos. É um museu com objetos históricos e antigos do século XV. Inclui um ótimo audiovisual que conta a história dos vinhos da Borgonha. A degustação é opcional na loja de vinhos e artesanatos.

Vosne-Romanée
Em Beaune, na França. É a vila onde estão os vinhedos dos sete Romanées.

A maior atração é o pequeno vinhedo da Romanée-Conti. A visita faz parte da maioria dos *tours* para essa região. Se você estiver de carro, é simples. O vinhedo fica 200 metros atrás da pequena igreja da vila de Vosne-Romanée.

A vinícola se localiza ao lado da igreja, mas não atende enoturismo.

Moët & Chandon
Em Épernay, na França. É um *tour* muito especial pelas galerias subterrâneas. Uma das atrações é o barril de carvalho oferecido pelo imperador Napoleão Bonaparte. Na maioria dos *tours*, as degustações são feitas internamente em um grande salão.

Moët et Chandon, Epernays, França

Há um *tour* especial no fim da tarde, em que a degustação acontece nos jardins internos.

É preciso confirmar o horário e reservar com antecedência.

Clos de Vougeot, Nuits-Saint-Georges

ENOTURISMO

Domaine Mercier
Em Épernay, na França. O *tour* é padrão, mas você poderá ver o enorme barril de carvalho húngaro, de 160.000 litros ou 213.000 garrafas de champagne, apresentado na Feira Mundial de Paris de 1889.

Depois da Torre Eiffel, foi a maior atração daquela Feira Mundial.

La Cave aux Coquillages
Em Épernay, na França. Do champanhe Legrand-Latour, o *tour* é sensacional. O proprietário é arqueólogo. O *tour* é um passeio pelas galerias subterrâneas de arqueologia, embaixo dos vinhedos. A região, há milhões de anos, foi mar. No passeio você poderá ver nas paredes das galerias vários tipos de conchas e outros resíduos de mar.

O *tour* passa pelo salão onde são limpos e classificados todos os resquícios de mar encontrados pelos arqueólogos.

A degustação ocorre em um salão anexo. Na degustação se percebem claramente as características marinhas no sabor do champanhe.

Conde Valdemar
Em Haro, Rioja, na Espanha. Além do *tour* padrão, oferece *tours* para pessoas com deficiências físicas e visuais baseados nos toques, nos aromas e na degustação. O interior da vinícola é muito bonito.

Campo Viejo
Em Logronho, na Espanha. É uma das mais importantes de Rioja. O *tour* é padrão, mas o mais surpreendente é um enorme armazém para 70.000 barricas de carvalho, unicamente para vinhos da categoria Crianza.

Domaine Mercier, Epernays, França

O vinho Crianza da Campo Viejo é o vinho tinto mais vendido na Inglaterra.

Barolo e Barbaresco
No Piemonte, na Itália. A maioria dos *tours* é padrão.

A principal atração do enoturismo da região é a beleza da paisagem e dos vinhedos. É uma das regiões vinícolas mais lindas que conheço.

Recomendo passear de carro pela região. Estive no verão e no outono. No outono, as folhas ficam amarelas, vermelhas e laranja.

É simplesmente lindo.

Biondi Santi
Em Montalcino, na Toscana, Itália. Criadora do Brunello di Montalcino. A principal atração do *tour* são os lendários vinhedos *Il Greppo*, considerados um dos melhores *terroirs* do mundo. Foi o lugar onde foi filmada a novela *Terra Nostra*, da Globo.

Vignamaggio – Castelo da Mona Lisa
Em Greve in Chianti, na Toscana, Itália. É o castelo da família Gherardini.

Nesse castelo viveu Lisa Gherardini, personagem do quadro *Mona Lisa*, de Leonardo da Vinci. Mona Lisa significa Jovem Senhora Lisa.

Acredita-se que o quadro tenha sido pintado nesse local. O *tour* proporciona uma visita pelo castelo e uma degustação-padrão.

Castello di Verrazzano
Em Greve in Chianti, na Toscana, Itália. É um castelo histórico do século XV.

Verrazzano foi um nobre italiano com gosto pela aventura. Foi o primeiro a navegar, no século XV, o rio Hudson no entorno de Manhattan, em Nova York. Em New Jersey há uma grande ponte com seu nome.

O *tour* inclui um passeio por suas dependências. A degustação inclui, além dos vinhos, um vinagre balsâmico, que estagia por oito anos em barrica de carvalho e dois anos em garrafa.

Na degustação, você tem direito a provar uma colherinha de café do vinagre. Um vidrinho pequeno custa 50 euros.

Lucio Leuci – Antica Casa Vinicola
Em Lecce, na Puglia, Itália. Vinícola produtora de vinhos *kosher*, dentro das especificações, cultura e tradições judaicas. O vinho deve ser obrigatoriamente certificado por um rabino.

Na visita, você conhece as condições técnicas para a certificação e as especificações obrigatórias nos rótulos. A degustação, apesar de padrão, é especial.

Galpão com 70.000 barris da vinícola Campo Viejo em Rioja, Espanha

ENOTURISMO

Alberello adotado na Cantina Paololeo em Puglia, Itália

Paololeo
Em Lecce, na Puglia, Itália. No *tour*, há uma visita a um vinhedo de alberellos de Negroamaro, com cepas de 65 anos, preservado. As cepas estão disponíveis para adoção. O conceito é preservar o vinhedo, mantendo assim a cultura milenar de alberellos.

Eu adotei o alberello 17 e recebi um certificado de Vignaiolo Onorario.

Buena Vista Winery
Em Sonoma, na Califórnia, Estados Unidos. É a primeira e mais antiga vinícola da Califórnia.

\Além da beleza de toda a arquitetura, no *tour*, você passa por ambientes históricos, estreitos corredores e passagens falsas da época da Lei Seca.

Considero uma visita obrigatória por ser a primeira e mais antiga vinícola da Califórnia.

Beringer Brothers
Em Santa Helena, Vale de Napa, na Califórnia, Estados Unidos. É uma das mais importantes vinícolas do Vale de Napa. A arquitetura, interna e externa, e os subterrâneos são de tirar o fôlego. No *tour*, uma das atrações são as garrafas de vinhos com rótulos vivos, em realidade aumentada.

Bezinger Winery
Em Glen Ellen, Sonoma, Califórnia, Estados Unidos. Era o antigo Ranch Weneger. O *tour* inicia com um trezinho percorrendo os vinhedos. Durante o trajeto há uma parada, no alto de um morro para fotos e outra no meio dos

Enoturismo na Winery Beringer Brothers em Napa, Califórnia, EUA vinhedos, para degustação de vinhos. Posteriormente você pode degustar outros vinhos na loja da vinícola.

Gloria Ferrer Sparkling Wines Cellar
Em Carneros, Sonoma, Califórnia, Estados Unidos. É considerada a primeira vinícola a produzir espumantes na Califórnia. É uma vinícola linda, com bar e restaurante com uma enorme varanda de frente para os vinhedos. Durante todo o dia e principalmente no *happy hour* fica lotado de turistas degustando espumantes e curtindo o visual lindo.

O *tour* é tradicional, mas o especial é que em cada ambiente que visita você degusta um espumante diferente. A degustação final é em um terraço de frente para os vinhedos. O pôr do sol dali é maravilhoso.

Jacuzzi Family Winery
Em Carneros, Sonoma, Califórnia, Estados Unidos. Pertence à Família Jacuzzi, criadores das consagradas banheiras de hidromassagem. A história completa está no meu livro *Viagens Vinhos História Vol. II*. São três grandes ambientes e atrações. O *tour* tradicional inclui a loja de vinhos para degustação e o Olive Press, com uma variedade enorme de óleos, molhos, condimentos, queijos, pães, doces e outras iguarias. Inclui artesanato e artefatos em geral para vinhos.

Enoturismo na Jacuzzi Family Winery em Sonoma, Califórnia

ENOTURISMO

Groot Constantia e Klein Constantia
No distrito de Constantia, na Cidade do Cabo, África do Sul. São as duas vinícolas mais antigas do país. Em suas narrativas históricas, ambas garantem que produzem o vinho licoroso que era preferido de Napoleão Bonaparte, quando ele esteve preso na Ilha de Santa Helena. E ambas estão certas. Vale a pena visitá-las.

Creation Wines
Em Hermanus, África do Sul. Não há um *tour* padrão. A atração dessa vinícola é seu concorridíssimo restaurante *gourmet*. A degustação dos vinhos é feita durante o almoço.

O cardápio já inclui a recomendação do sommelier para a harmonização de cada prato.

A reserva deve ser feita com bastante antecedência.

Fairview Estate
Em Paarl, África do Sul. O lugar é muito bonito. O estacionamento dos carros é cercado de carvalhos franceses e americanos e você pode ver, en-

Vinhedos em Barbaresco, Piemonte, Itália

é tradicional, a degustação é em um grande espaço ao ar livre. A atração maior é a degustação de vinho branco com barras de chocolate.

Finalizando
O enoturismo cresceu muito nos últimos anos.

Por razões de proximidade, os brasileiros têm feito enoturismo com mais assiduidade no Vale dos Vinhedos, que inclui Bento Gonçalves e Garibaldi, Pinto Bandeira, no Rio Grande do Sul. E também em Santiago (Chile), Mendoza (Argentina) e Montevidéu (Uruguai).

Nesses países da América do Sul, os brasileiros chegam a representar 90% do total de visitantes do enoturismo.

Em minhas viagens pelos países da Europa, encontrei alguns brasileiros na região do Douro e Alentejo, em Portugal, e em Montalcino, na Toscana, Itália.

Em todos os outros países e regiões, não encontrei com brasileiros durante os *tours*, mas me disseram que alguns têm aparecido por lá.

Em várias regiões que voltei a visitar, alguns guias de enoturismo e em algumas vinícolas me informaram que alguns brasileiros visitaram essas regiões com os meus livros *Viagens Vinhos História, Vol. I* e *Vol. II*.

Alguns guias que citei nos livros também me relataram que estão sendo contatados por brasileiros para a programação das visitas.

tão, como são essas árvores. É um dos preferidos dos guias de turismo. Não há um *tour* específico, a atração são as diferentes opções de degustações, de acordo com a quantidade de vinhos que se quer experimentar. Há uma degustação profissional que deve ser reservada com antecedência. A loja com vinhos, queijos, salames, condimentos, molhos, pães, doces e outras iguarias é outra grande atração.

Waterford Estate
Em Stellenbosh, África do Sul. O *tour*

OS TIPOS DE VINHOS

Os tipos de vinhos são determinados por suas origens, sistemas de produção, finalidades e características.

As terminologias a seguir são importantes para conhecimento e ajudam a compreender o universo dos vinhos.

OS TIPOS DE VINHOS

Por Estilo

Vinhos finos com diferentes características, provenientes do processo de fermentação.

● Tranquilo
É o vinho tradicional que estamos habituados a beber. Podemos classificar esses vinhos em tintos, brancos e rosés.
Na região do Prosecco, no Vêneto, quando se refere a vinhos tintos, utiliza-se sistematicamente a classificação de Vinho Tranquilo.

● Espumantes
São os vinhos, normalmente brancos e rosés, classificados como *sparkling wines* (bolinhas), pelo acúmulo de gás carbônico provocado na segunda fermentação. Nesta classificação estão Champanhes, Espumantes, Proseccos, Frizantes e Lambruscos.
Nos Frizantes, o gás carbônico é adicionado artificialmente.

● Doces e sobremesas
São produzidos com uvas maduras, brancas e tintas.
Os vinhos do Porto são produzidos com uvas tintas e brancas, e de acordo com a DOCG do Douro, devem ser utilizadas no mínimo 15 diferentes castas.
Na produção dos vinhos doces Tokaji e Sauternes, as uvas brancas são atingidas pelo fungo *Botrytis*, que perfura a casca da uva, provocando perda do líquido. Assim, as uvas ficam com uma quantidade menor de líquido, mas mantêm o açúcar acumulado.
Para os vinhos doces Passito e Aleático de Elba, as uvas são colhidas maduras e deixadas para secar por dois a três meses, causando também perda de líquido e a manutenção do açúcar.

Por Sensação na Boca

Estas classificações estão ligadas a sensações que provocam na boca e na língua ao degustarmos os vinhos.

⊙ Suave
São os vinhos produzidos com uvas *Vitis labruscas* (americanas), mais utilizadas em sucos e uvas de mesa, como Niágara, Concord e Isabel. Para dar mais suavidade ao vinho, adiciona-se artificialmente açúcar. Na classificação por corpo também existe o tipo suave, como sinônimo de leve, que veremos a seguir.

⊙ Seco
São os vinhos tranquilos decorrentes do processo de fermentação normal, em que o açúcar é convertido naturalmente em álcool. São produzidos com as uvas tradicionais *Vitis viniferas*, como Chardonnay, Sauvignon Blanc, Pinot Noir, Cabernet Sauvignon, Merlot e Cabernet Franc.

⊙ Doce
São os vinhos com as características já mencionadas anteriormente na descrição por estilo e que deixam na boca um gosto doce e alcoólico. Harmonizam com sobremesas, doces e bolos.

OS TIPOS DE VINHOS

Por Sustentabilidade

Muitas vinícolas têm produzido vinhos com uvas cultivadas nas melhores condições de sustentabilidade da natureza, destacando essas referências nos rótulos, como um diferencial competitivo.

Na Europa, principalmente, há um compromisso e uma preocupação muito grande com sustentabilidade.

Na Itália, na região da Úmbria, do vinho Sagrantino, e na região do Vêneto, do espumante Prosecco, visitei vinícolas muito comprometidas com a sustentabilidade.

Na França, na região de L'Hermitage e Tournon, o respeito, a reverência à terra, ao solo são quase sagrados.

◉ Orgânicos
Os vinhedos são livres de pesticidas ou adubos químicos. Em algumas regiões vinícolas é permitida uma utilização mínima desses componentes.

◉ Biodinâmicos
Além do cultivo livre de pesticidas e adubos químicos, levam em consideração, tanto no plantio como na colheita, as leis do Universo, os melhores meses e dias e as fases da Lua.

◉ Naturais
São produzidos a partir de uvas cultivadas organicamente e, na fase da fermentação, não há acréscimo de leveduras e açúcar artificialmente. A separação das cascas e do vinho é também executada por um processo natural.

◉ Vegano
Os vinhos são produzidos sem adição de qualquer produto ou elemento animal, como gelatinas, albuminas e proteínas.

◉ Kosher
É o vinho produzido dentro das leis judaicas. A produção dos vinhos deve ser acompanhada e certificada com a presença de um rabino.

A atuação do rabino é direcionada à higienização de todo o processo de produção, incluindo as máquinas de prensagem e, principalmente, os tanques de aço inoxidável onde serão executadas as fermentações.

O rabino não atua nos vinhedos e na colheita das uvas. São processos regidos pela natureza.

A visita que fiz à Vinícola Lucio Leucci, na Puglia, Itália, coincidiu com o dia marcado para o trabalho do rabino, e pude acompanhar todo o processo de higienização.

Durante a degustação, com a participação do rabino, tive todas as explicações sobre tradições e rituais no consumo dos vinhos.

A garrafa do vinho kosher deve levar obrigatoriamente o selo de

certificação do rabino, nos rótulos e na rolha.

● Canônico

O vinho da missa é produzido normalmente como os outros vinhos. No Brasil, o vinho canônico pode ser tinto ou rosé, seco, suave ou doce. O mais utilizado é o vinho tinto seco. As principais uvas são Moscato e Isabel.

Como o consumo deste vinho é mais lento, adiciona-se álcool para aumentar sua longevidade.

Na missa, ao servir o vinho, o padre coloca um pouco de água, para reduzir a dosagem alcoólica.

Segundo historiadores, na época de Cristo era costume adicionar água ao vinho.

Na Itália, em algumas igrejas, usa-se o vinho branco. A explicação é que, muitas vezes, o vinho tinto respinga nos paramentos dos religiosos e não se pode lavá-los, porque o vinho representa o sangue de Cristo.

No Brasil, a vinícola autorizada pela Cúria Metropolitana para a produção do vinho canônico é a Salton, de Bento Gonçalves.

No *tour* de enoturismo na Salton, uma das maiores atrações são as réplicas dos cálices que foram utilizados pelos papas Bento XVI e Francisco em suas visitas ao Brasil.

De 1915 a 1933, a Lei Seca, que proibia a produção e o consumo de bebidas alcoólicas nos Estados Unidos, provocou o fechamento de várias vinícolas no Vale de Napa e Sonoma, na Califórnia. A Beringer Vineyards, de Santa Helena, foi uma que sobreviveu, por ser autorizada a produzir o vinho canônico.

OS TIPOS DE VINHOS

Por Corpo

Corpo é uma sensação de textura do vinho na boca e na língua. O corpo do vinho é formado por líquido, taninos, açúcar, acidez e álcool.

Fazendo uma analogia simplista, se tomarmos um suco concentrado de uma fruta, à medida que adicionarmos água, ele vai perdendo o corpo. Ao bebermos, vamos sentir na boca as diferenças de textura do líquido.

Outra comparação é a sensação de textura de um copo de água e um copo de leite.

Os corpos dos vinhos dependem das uvas com que foram produzidos. Há uvas que produzem corpos mais intensos que outras, dependendo da quantidade de tanino, açúcar e álcool que agregarem ao vinho.

Merlot, Pinot Noir e Gamay são uvas que produzem pouco corpo. Tannat, Baga, Nebbiolo e Negroamaro produzem corpo maior.

- **Leve**
Ao degustar o vinho, a sensação na boca é leve, suave e passa a ideia de mais diluída também. Suave, aqui, é utilizado como sinônimo de leve.

- **Meio corpo**
A sensação na boca é mais intensa em volume e peso.

- **Encorpado**
Na analogia simplista que fiz anteriormente, a sensação é de estarmos bebendo um líquido mais concentrado.

Há uvas que, dependendo dos *terroirs* onde foram plantadas, ou mesmo dos anos específicos de colheita, levando em consideração o clima de cada ano, podem produzir vinhos nas três classificações. A Cabernet Sauvignon, por exemplo, é uma uva bastante eclética.

A formação dos *blends* por parte dos enólogos tem como finalidade, muitas vezes, além de agregar aromas e sabores, definir o tamanho dos corpos dos vinhos que irão produzir.

O clássico *blend* Cabernet Sauvignon e Merlot é uma perfeita combinação do corpo médio ou encorpado da Cabernet Sauvignon com o corpo leve ou médio da Merlot.

Degustei um ótimo *blend* de um vinho do Uruguai que era uma combinação de Tannat (encorpado) com a Pinot Noir (leve). O vinho ficou claramente meio corpo e muito bom.

Champagnes e Espumantes

Duas fermentações, a primeira alcoólica, a segunda com formação do gás carbônico.

São vinhos brancos espumantes produzidos pelos métodos Champenoise e Charmat, pelos quais o dióxido de carbono, desenvolvido nas fermentações cria as *perlages* (bolinhas).

De acordo com a regulamentação DOC – Denominação de Origem Controlada, e aceita pelo Brasil e por praticamente, todos os países do mundo, só podem ser chamados de *champagne*, os espumantes produzidos na região geográfica de Champagne, na França.

Por um acordo na Comunidade Europeia, na região da Franciacorta, na Itália, os espumantes produzidos são também classificados como champagne.

Os champagnes são produzidos obrigatoriamente pelo método champenoise.

Em todos os outros países do mundo, os espumantes são chamados por diferentes nomes, Cava, Prosecco, Sparkling Wine e Espumantes.

CLASSIFICAÇÕES

As principais classificações dos champagnes e espumantes são:

- Doce,
- Demi-Sec,
- Brut,
- Extra Brut e
- Pas Dose ou Dosage Zero.

As diferenças da classificação estão na quantidade de açúcar residual por litro.

- Doce – Acima de 50 gramas de açúcar por litro
- Demi-Sec – De 33 a 50 gramas
- Brut – De 8 a 15 gramas
- Extra-Brut – De 0 a 8 gramas
- Brut Nature – Pas Dosé – Dosage Zéro – 0 gramas

Estas quantidades de açúcar são mínimas e praticamente não são sentidas ou percebidas ao degustar os vinhos espumantes.

COMO ESCOLHER O VINHO PARA BEBER

Agora que você já leu e aprendeu sobre os tipos de vinhos, vou ajudá-lo a escolher o vinho que vai beber. Para isso, é bom saber quando você pretende beber o vinho. Voce pode degustar em ocasiões específicas ou a qualquer momento. Sendo bem simplista:

Tinto
Pode ser degustado durante as refeições ou com tira-gostos.

Branco
Durante as refeições ou em um *happy hour*.

Espumante
Durante as refeições, festas, celebrações e comemorações.

Doces
Durante a sobremesa ou apreciando um bolo ou doce.

COMO ESCOLHER O VINHO PARA BEBER

Onde comprar e cuidados a tomar

Há vários lugares para comprar vinhos, lojas especializadas em vinhos, supermercados e *sites* de vendas pela internet.

Lojas e supermercados
Os vinhos estão dispostos por origem de países, como Argentina, Brasil, Chile, Espanha, França, Itália e outros.

Confira o estado físico da garrafa, o rótulo, se a rolha está intacta e se o líquido interno está completo.

Leia o rótulo e confira o nome do vinho, a safra, a uva, se é um *varietal* ou *Reserva*, país de origem, a vinícola que produziu e o preço.

Rótulos
Os vinhos sempre levam um rótulo principal onde normalmente são colocados o nome do vinho, o ano de safra ou produção, a uva ou as uvas se for um *blend*, e a vinícola.

Em vinhos premiados ou que receberam uma alta pontuação das agências especializadas, normalmente é colocado um selo especial para a identificação.

No verso da garrafa há um rótulo, muito específico de cada vinícola. Normalmente descreve as características do vinho, muitos dele informam o nome da uva ou das uvas, que não foram destacados no rótulo principal, e algumas referências da vinícola.

Nos importados, há um segundo rótulo, no verso, com algumas referências técnicas exigidas pelas Leis Brasileiras de importações de vinhos.

Pontuações
São sistemas de classificação criados por agências especializadas, avaliando e atribuindo uma pontuação à qualidade dos vinhos.

As avaliações são feitas por consultores e profissionais especializados.

As pontuações variam de 50 a 100. Um vinho que receba a pontuação máxima de 100 é considerado extraordinário.

As vinícolas com altas pontuações normalmente colocam um selo na garrafa com a pontuação obtida.

Nos vinhos vendidos pela internet, quando são pontuados, há sempre identificações, como: Parker **RP92**, Descorchado **DS93**.

Ou seja, os vinhos atingiram 92 pontos pela Agência Robert Parker e 93 pontos, pela Descorchados, respectivamente.

As agências mais conhecidas de pontuação dos vinhos são:
RP – Robert Parker
DS – Descorchados
JR – Jancis Robinson
ST – Stephen Tanzer
GR – Gambero Rosso
WS – Wine Spectator
WE – Wine Enthusiast
DEC – revista inglesa *Decanter*
W&S – Wine & Spirits

Dados adicionais para seu conhecimento

No rótulo das garrafas, em alguns vinhos, há identificação da origem da vinícola e indicação da região geográfica demarcada a que ela pertence.

DO – Denominação de Origem
DOC – Denominação de Origem Controlada
DOCG – Denominação de Origem Controlada e Garantida

São órgãos que controlam as regiões demarcadas, estabelecendo as normas e os controles sobre os vinhedos, as uvas e a produção dos vinhos. Isso significa que os vinhos produzidos tiveram um controle especial no cultivo e na produção.

São as DOC ou DOCG que determinam quais uvas receberam autorização para ser cultivadas em cada região.

A maioria das lojas de vinhos e alguns supermercados contam com profissionais para ajudá-lo a escolher o vinho. Se você já tiver uma preferência de uva, os especialistas vão recomendar as melhores opções disponíveis.

Não fique constrangido em estabelecer antecipadamente o valor que quer gastar.

Diga simplesmente: "Gostaria de ver um Cabernet Sauvignon de até R$ 100,00".

Você será muito bem atendido.

Internet

Há um grande número de *sites* que vendem vinhos, com ampla variedade de ofertas e preços.

Você pode entrar em um desses *sites* e pesquisar os vinhos que possam lhe agradar.

Ou então, já sabendo o vinho que quer comprar, prospectar a disponibilidade e o valor em vários *sites*.

A maioria dos *sites* possui uma boa apresentação dos vinhos, e fica fácil conferir os dados dos rótulos, interagir e comprar.

Os vinhos, com certeza, chegarão em ótimas condições até você.

LAGO DE VINHOS (WINE LAKES)

Nos anos 2005-2007, a França produziu 1,7 bilhão de garrafas de vinhos a mais do que vendiam. O maior excedente foi na região do Languedoc-Roussillon. Para evitar que o excesso de oferta em relação à demanda reduzisse drasticamente os preços dos vinhos, o Ministério da Agricultura, em conjunto com as DOCGs da França, decidiu converter centenas de milhões de garrafas em álcool industrial, o etanol.

COMO ESCOLHER O VINHO PARA BEBER

Escolhendo o vinho

Para facilitar a apresentação, vamos dividir os leitores em iniciantes e experientes. **Iniciantes** são as pessoas que estão começando agora a apreciar e degustar vinhos. **Experientes** são aqueles que já possuem algum conhecimento e o hábito de apreciar e beber vinhos.

Escolha do vinho

Iniciantes

Aqui no Brasil e em algumas outras regiões vinícolas, o vinho é escolhido pela uva. Eu sempre digo que brasileiro não bebe vinho — bebe uva.

Por questões de distribuição, disponibilidade e preço, estamos mais habituados a beber, além dos vinhos brasileiros, vinhos chilenos, argentinos e uruguaios. São bem distribuídos e econômicos por pertencermos ao Mercosul.

Havia um senso comum, um entendimento informal de que os melhores Cabernet Sauvignon, Merlot e Carménère eram chilenos. Os melhores Malbec e Cabernet Franc eram argentinos.

Os melhores Tannat eram do Uruguai. E dava-se preferência a esses vinhos.

Hoje, isso mudou. Os vinhos tintos brasileiros finalmente tiveram reconhecimento de sua qualidade. Estamos produzindo ótimos vinhos, com todas essas uvas.

A Vinícola Pizzato produz o vinho

PINOT NOIR

Há muitos anos, eu tinha certa rejeição dos vinhos Pinot Noir, principalmente por causa da sua cor, um vermelho menos intenso.

Eu estava habituado a beber os vinhos chilenos e argentinos, com as uvas Cabernet Sauvignon, Malbec e Merlot, todas de cor vermelho-rubi.

Quando fui pela primeira vez à Borgonha, onde todos os vinhos são produzidos exclusivamente com uvas Pinot Noir, mudei completamente de opinião.

Lembro que degustei um tinto na pequena vila de Pommard, que me encantou. Depois, degustei alguns em Orches, Nuits-Saint-Georges, Château du Clos de Vougeot e Hospices de Beaune. Eram extraordinários.

Voltei apaixonado pelos vinhos Pinot Noir da Borgonha. Hoje, é umas das minhas uvas preferidas.

Já provei alguns de Mendoza, do Chile e do Vale dos Vinhedos. Estão ainda um pouco distantes dos Pinot Noir da Borgonha, mas, mesmo assim, são muito bons.

tinto Merlot DNA 99, que, para mim, é excepcional. A Don Laurindo produz o melhor Tannat do Brasil. E há muitos mais.

Assim, você pode optar por um vinho importado ou nacional sem medo de errar.

Todas essas regiões vinícolas, aqui do Cone Sul, por não ter uma uva dominante e para atender aos gostos dos clientes, acabam produzindo vinhos com variedade grande de uvas.

Hoje encontramos ótimos vinhos Pinot Noir, Syrah, Barbera, Garnacha,

COMO ESCOLHER O VINHO PARA BEBER

Sangiovese, Nebbiolo e Tempranillo em todas essas regiões.

Vinhos brancos e espumantes produzidos com Chardonnay, Sauvignon Blanc, Chenin Blanc, Sémillon, Alvarinho, Gewürztraminer, Riesling e Pinot Noir. Uma grande variedade de uvas e vinhos.

Nestes últimos anos, os vinhos portugueses passaram a ser muito bem distribuídos no Brasil a preços mais acessíveis. As principais uvas são Touriga Nacional, Touriga Franca, Tinta Roriz, Aragonez, Baga, Castelão, Periquita, Arinto e Alvarinho. Os vinhos tintos são sempre *blends* de duas ou mais uvas.

Independentemente das uvas que compõem o *blend*, a escolha do vinho português é feita pelas regiões vinícolas de origem Alentejo, Dão, Douro, Ribatejo, Setúbal e Bairrada, pela vinícola e pelo preço. Há distribuidores e *sites* específicos para os vinhos portugueses.

Minha principal recomendação para

o iniciante é que comece a apreciar pelos vinhos leves e de meio corpo. Isso porque alguns considerados meio corpo acabam ficando muito próximos dos leves.

Eu recomendo então Merlot, Pinot Noir, Chianti, Carménère, Primitivo, Zinfandel, Gamay, Beaujolais, Valpolicella, e até um Cabernet Sauvignon.

Para vinhos brancos e espumantes, todas as uvas relacionadas são adequadas. Para os espumantes, recomendo iniciar pelo demi-sec. Ele é mais leve e leva uma pitada de açúcar.

Já vi algumas pessoas recomendarem iniciar pelos vinhos suaves. Aqueles que são produzidos com uvas não tradicionais, como Isabel e Niágara, adoçados artificialmente.

Nada tenho contra apreciar o vinho

O CASE MERLOT

Um leitor dos meus livros estava incomodado porque seus parceiros de vinhos faziam brincadeiras por ele apreciar a uva Merlot. Enviei-lhe então algumas informações para ele mostrar aos amigos.

O nome Merlot vem da cor escura da sua casca. Merlot é o diminutivo do pássaro merle (melro, **black bird**, pássaro preto). Em algumas regiões da Europa, é chamada de **bordo** e referem-se a ela como **dark blue**.

Seu vinho é de corpo leve e corpo médio, muito frutado, bem equilibrado. Produz ótimos monocastas e, pela versatilidade, é muito utilizada em *blends*.

É uma das principais castas de Bordeaux, Chile, Brasil, África do Sul e Vale de Napa.

Em Bordeaux, participa do clássico Corte Bordalês, com a Cabernet Sauvignon.

Na região do Médoc, a uva dominante do Corte Bordalês é a Cabernet Sauvignon. Já do lado de Pomerol e Saint-Émilion, a uva dominante é a Merlot.

É a principal uva do vinho Petrus,

que custa cerca de 15.000 reais a garrafa e é produzido com 95% de Merlot e 5% de Cabernet Franc.

Participa dos *blends* dos vinhos da Château Lafite Rothschild e Château Margaux, entre muitos outros.

No Brasil, é a uva oficial da DOC (Denominação de Origem Controlada) do Vale dos Vinhedos.

É uma uva de alto rendimento e que amadurece antes da Cabernet Sauvignon. É a terceira uva mais plantada no mundo.

Uma uva que aprecio e principalmente, respeito muito.

suave, mas, para iniciar uma apreciação em vinhos tintos e brancos, não acho uma boa ideia.

Definindo a uva do seu vinho, você pode escolher um *varietal /jovem/econômico*, ou um *Reserva*.

Varietal é geralmente monocasta e mais barato. Ao escolher, se puder identificar a vinícola, a possibilidade de acerto é maior.

Há várias recomendações de vinícolas em meus livros *Viagens Vinhos História, Vol. I e II*.

Uma recomendação importante: mesmo que você aprecie muito um vinho que bebeu, não deixe de experimentar outros vinhos. Vai ser um grande aprendizado.

A partir daí você pode gradativamente experimentar vinhos meio corpo, encorpados e *blends*.

Exemplos de vinhos meio corpo e encorpados: Cabernet Sauvignon, Cabernet Franc, Malbec, Grenache, Syrah, Tannat, Negroamaro, Nebbiolo, Sangiovese, Barbera.

Blend/corte/mistura são os vinhos produzidos com mais de uma uva.

O *blend* mais tradicional é com as uvas Cabernet Sauvignon e Merlot.

Mas há outras ótimas misturas, como Cabernet Sauvignon-Cabernet Franc, Tannat- Pinot Noir, Syrah-Grenache, Tempranillo-Garnacha e um português que aprecio muito, Touriga Nacional, Touriga Franca, Tinta Roriz.

Os principais *blends* de espumantes são Chardonnay-Pinot Blanc-Meunier.

Ou então, como na região de Troyes, na França, e na Cave Geisse, de Pinto Bandeira, Pinot Noir-Chardonnay.

Experientes

São amantes e apreciadores de vinhos que conhecem e já sabem como escolher o vinho que vão beber. Minha recomendação é que, mesmo se apreciar determinados vinhos, procure experimentar sempre novas uvas, novos *blends*, novos vinhos.

O mundo dos vinhos é incalculável se levarmos em consideração todas as regiões vinícolas do planeta. Há muitas uvas e vinhos a se experimentar. Fazendo uma analogia descontraída, **não se pode provar todas as uvas e vinhos do mundo, mas há de se fazer o possível!**

A apreciação da uva e do vinho é muito pessoal. Apesar de sabermos que algumas uvas são consideradas mais especiais, como Pinot Noir, Syrah, Cabernet Sauvignon, Primitivo,

Waterford Estate, Stellenbosh, África do Sul

Nebbiolo, Sangiovese, Chardonnay e Sauvignon Blanc, a escolha da uva e do vinho vai depender do gosto pessoal.

Em minha viagem à África do Sul, provei vinhos com as uvas Chardonnay, Sauvignon Blanc e Chenin Blanc. Nas refeições com peixes e frutos do mar, preferi a Chenin Blanc. Para mim, foi a que melhor se harmonizou.

Aprecio muito a uva Primitivo, mas, em minha viagem à Puglia, visitando vinícolas e nas refeições, preferi a Negroamaro. Talvez porque, lá, eu pude degustar ótimos vinhos dessa uva, que muitas vezes não chegam ao Brasil.

Tenho muito respeito por todas as uvas e todos os vinhos. Tenho um respeito maior ainda pelo gosto de cada um. O vinho é muito pessoal e cada pessoa sabe muito bem o vinho que lhe agrada, que sabe bem na sua boca e cabe no seu bolso.

COMO DEGUSTAR

O vinho é uma bebida viva e que requer um certo ritual para ser degustado. O vinho dentro da garrafa continua evoluindo, potencializado pela dosagem alcoólica e pelo amadurecimento dos taninos. Ao retirar a rolha, é como se você estivesse acordando e trazendo o vinho para a nossa realidade. Degustar um vinho seguindo os passos rituais é muito prazeroso.

Vinhos Varietais/Econômicos – Reservas – de Guarda - Espumantes

As degustações dos vinhos seguem idêntico passo a passo, independentemente da sua classificação. A principal diferença é o tempo da decantação, que veremos mais adiante.

COMO DEGUSTAR

Garrafas

Os *designs* e as espessuras dos vidros das garrafas variam de acordo com os produtores de vinhos.

Para o "buraco" na base das garrafas de vinhos tintos, não há uma explicação definitiva. Durante as visitas que fiz a vinícolas em vários países, não obtive uma resposta de consenso. Não há uma explicação técnica. Muitos responderam que vem de tradição e que é feita assim há vários anos.

Em algumas vinícolas, disseram que possivelmente era para acomodar a borra que se formava no fundo da garrafa.

Com as novas técnicas de produção do vinho, quase não há mais borras. As que ainda existem são principalmente nos vinhos de guarda, que ficam armazenados mais tempo.

Tecnicamente, borras são taninos e cristais derivados do ácido tartárico que se desprenderam do vinho.

OS TAMANHOS-PADRÃO DAS GARRAFAS SÃO:

Magnum: 1,5 litro – equivale a duas garrafas-padrão

750 ml: uma garrafa-padrão

350 ml: meia garrafa

Espumantes: 750 ml

© i Stock

Abrindo a garrafa

As garrafas de vinhos são fechadas com rolhas para evitar a entrada de oxigênio, que provoca sua oxidação ou avinagra.

❶ Rolhas de cortiça
A grande maioria dos vinhos é fechada com rolha de cortiça.

A cortiça é retirada da casca de uma árvore chamada sobreiro, muito comum no Alentejo, em Portugal, e na região da Estremadura, na Espanha.

Alentejo e Estremadura são regiões muito próximas.

❷ Rolhas de plástico
São mais utilizadas em vinhos mais econômicos com o objetivo de baratear o custo e torná-los mais acessíveis.

❸ Tampinha de rosca
Tem o mesmo objetivo de baratear custo e tornar o vinho mais acessível.

O vinho mais vendido no mundo, inclusive por ser mais econômico, o australiano Yellow Tail, é fechado com tampinha de rosca.

A maioria dos apreciadores valoriza significativamente os vinhos fechados com rolhas de cortiça.

Os vinhos fechados com rolhas de plástico e tampinhas de rosca funcionam muito bem na vedação. No entanto, acabam passando uma imagem de um vinho de menor qualidade. Já degustei alguns desses vinhos e alguns são bem razoáveis.

No entanto, dou preferência às rolhas de cortiça.

COMO DEGUSTAR

Retirando a rolha

Tintos e brancos
Para os vinhos fechados com rolhas de cortiça e plástico, há várias opções de saca-rolhas, mas você pode usar o que tiver disponível.

Os fechados com tampinha de rosca são abertos com os dedos da mão.

Retirando a rolha, muitos profissionais têm o hábito de cheirar a parte da rolha que ficou em contato com o líquido. O objetivo é sentir o aroma e, principalmente, verificar se o vinho não está oxidado (vinagrado).

Essa técnica de cheirar a rolha é mais executada por sommeliers de restaurantes e de enoturismo. É uma precaução para não servir vinho oxidado aos clientes.

Espumantes
Têm uma rolha maior e mais apertada para proteger a pressão e a liberação do CO_2 criado dentro da garrafa.
O arame colocado ao redor da cabeça da rolha serve para reforçar essa proteção. O formato redondo e maior da cabeça da rolha é para facilitar sua retirada.

Abrir um espumante deixando a rolha "explodir" é um momento mágico e de alegria.

Em uma festa ou comemoração, é prazeroso abrir um espumante e deixar a rolha voar.

Mas há de se tomar cuidado, para direcionar corretamente o lado para o qual ela vai saltar.

Outra maneira de abrir a rolha do espumante é pelo método das aeromoças, dentro do avião: abrindo com cuidado e com a palma da mão protegendo para que ela não voe.

Colocando para decantar

Depois de aberto o vinho, o ideal é deixá-lo decantar por algum tempo. Normalmente, dizemos que é para abrir o vinho, liberar os aromas ou então oxigenar.

Esta semana degustei o vinho português Caves Santa Marta Reserva, do Douro. No rótulo, há uma recomendação para abrir e deixar decantar por uma hora, e só então degustar.

No caso dos varietais/econômicos, não há necessidade de deixar decantando. A recomendação é abrir a garrafa e deixar aberta, alguns poucos minutos. Ou então, após provar, servir e deixar alguns poucos minutos no copo, até começar a beber.

Para os vinhos Reserva, Reserva Especial e de Guarda, o ideal é que decantem por um tempo maior, que pode variar entre 15, 30, 60 minutos. Há várias opções de vasilhas especiais para decantar. Eu, por exemplo, tenho um jarro de vidro transparente.

Muitas vezes, em casa ou nos restaurantes, não há condições de seguir essa regra. O ideal então é abrir a garrafa e deixá-la aberta para ir liberando os aromas, lentamente.

COMO DEGUSTAR

Os copos

A princípio, são três tamanhos de copos para os vinhos e espumantes.

Para os tintos, um copo maior, redondo e mais bojudo. Para os brancos, um menos bojudo. E para os espumantes, há o que chamamos de tulipas.

Para os três tamanhos, há várias opções de *designs* e fabricantes.

Os formatos e tamanhos variam também nas diversas regiões vinícolas em todo o mundo.

Há copos de vidro e cristais. Os de cristais são bem sensíveis, custam caro e quebram fácil. Minha recomendação é que tenham em casa os três modelos: bojudo, menos bojudo e tulipa.

O *design* dos copos varia de acordo com seu gosto e bolso.

© iStock

Servindo o vinho

O vinho tinto deve ser servido com uma pequena quantidade no copo, para que alguém faça a prova e aprove.

Em um restaurante, o sommelier vai servir essa pequena quantidade ao cliente para que ele prove e aprove.

Ritualmente, o provador deve girar o copo, algumas vezes. Depois, colocar explicitamente o nariz dentro do copo para sentir os aromas. Em seguida, degustar para fazer a prova do sabor. Aprovado, o vinho então é servido.

A quantidade a ser servida é normalmente de ¼ do copo. O refil é sempre na mesma quantidade.

É muito comum, ao servir o vinho, que caia na mesa algumas gotas da garrafa. Por isso, uma sugestão: ao terminar de servir, gire levemente a garrafa antes de recolher.

Há também alguns utensílios que são colocados na boca das garrafas para evitar que as gotas caiam na mesa.

No restaurante, é obrigatório que a garrafa seja aberta e a rolha seja retirada na frente do cliente.

Eu exijo que a garrafa do vinho que estou tomando fique comigo, em cima da mesa. No restaurante, recomendo também não utilizar jarras de decantar. Há casos e histórias de trocas de vinhos e de jarras.

COMO DEGUSTAR

Apreciando as cores, os aromas e sabores

Depois que o vinho é servido, é muito prazeroso apreciar no copo a tonalidade, a cor do vinho.

Levante a taça contra a claridade e aprecie o tom vermelho-rubi do vinho tinto. É lindo. Em seguida, gire o copo para que o vinho se movimente dentro. Isso vai fazer com que os aromas se destaquem. Então coloque o nariz, literalmente, dentro do copo, para sentir os aromas. Em seguida, deguste o vinho com um belo gole.

No primeiro gole, procure, antes de engolir, movimentar o vinho dentro da sua boca, tocando toda a língua. Assim, você poderá sentir toda a complexidade do vinho.

Como falei anteriormente, o vinho possui aromas que lembram vários elementos da natureza, como frutos, flores, castanhas, ervas, cereais e terra.

Há narizes com capacidades de identificá-los. Não se sinta frustrado se não os identificar. Eu mesmo tenho essa dificuldade. Mas o aroma do vinho, por si só, é magnífico. Eu adoro degustar apreciando os aromas que consigo sentir.

O sabor vai depender principalmente da uva e também da classificação do vinho que você está degustando. Um Reserva Especial que estagiou em barricas de carvalho e adquiriu sabores da madeira vai possuir um sabor diferente do varietal da mesma uva.

Azienda Casanova di Neri em Montalcino, Itália

Lágrimas

Ao girar o copo de vidro transparente, ao assentar, o vinho vai deixar algumas gotas escorrendo pelo lado de dentro do copo. Essas gotas são chamadas de lágrimas. As lágrimas indicam o grau alcoólico e o tamanho do corpo do vinho.

Quanto mais lágrimas escorrendo lentamente, mais álcool e mais corpo o vinho possui. Ao contrário, quanto menos lágrimas e mais rápido escorrerem, menos álcool e corpo.

COMO DEGUSTAR

Harmonizações

Harmonizações são as combinações dos vinhos que estamos degustando com os alimentos que estamos comendo.

Na internet, há muitos artigos sobre harmonizações com os alimentos.

Muitos deles são bem úteis, mas há alguns com detalhes e descrições desnecessárias.

O que importa é procurar acertar, na medida do possível, o tipo de vinho que harmoniza com o alimento que se vai comer.

Há duas opções importantes. Você pode decidir primeiro o que vai comer e, então, escolher o vinho que vai harmonizar. Ou então, ao contrário, escolher primeiro o vinho que vai beber e aí escolher a comida que vai harmonizar com o vinho.

Eu participo de um grupo de amigos que primeiro decidimos o vinho que vamos beber e depois a comida. Sendo bem objetivo e prático, os principais conceitos da harmonização são:

BRANCOS E ESPUMANTES
Harmonizam com carnes brancas, frutos do mar, peixes, sardinhas, risotos de atum, patês, cogumelos, queijos leves.

→ **Exemplos de brancos e espumantes:**
Chardonnay, Sauvignon Blanc, Chenin Blanc, Pinot Noir, Pinot Blanc, Glera, Lambrusco.

TINTOS LEVES
Harmonizam com carnes brancas, peixes, frutos do mar, churrascos e carnes leves, risotos, sopas de legumes, *pizzas* com ingredientes, queijos e molhos leves, tábuas de frios, bruschettas, embutidos, salames, presuntos, queijos leves, muçarela, ricota, *brie*.

→ **Exemplos de vinhos leves:**
Pinot Noir, Valpolicella, Gamay, Primitivo, Chianti, Beaujolais e, possivelmente, dependendo do processo de produção e do estágio em barricas de carvalho, alguns Merlot, Carménère, Cabernet Franc, Tempranillo e Grenache.

TINTOS MEIO CORPO

Carnes vermelhas em geral, churrascos, suínos, empanadas, sopas de carne, massas e *pizzas* com molhos vermelhos, pepperoni, calabresa, risotos, tortas, bruschettas, tábuas de frios, queijos médios, embutidos.

→ **Exemplos de vinhos meio corpo:** *Merlot, Cabernet Franc, Tempranillo, Touriga Nacional, Touriga Franca, Grenache, Barbera e, possivelmente, dependendo do processo de produção do vinho e do estágio em barricas de carvalho, alguns Cabernet Sauvignon, Malbec, Syrah, Sangiovese e Nebbiolo.*

TINTOS ENCORPADOS

Carnes vermelhas, boi, carneiro, javali, caça, pratos com temperos e molhos pesados, sopas de carne encorpadas, ossobuco, rabada, massas e *pizzas* com molhos e ingredientes vermelhos, pepperoni, calabresa, queijos maduros.

→ **Exemplos de vinhos encorpados:** *Tannat, Baga, Negroamaro, Nero de Troia, Sagrantino, Amarone, Malbec, Cabernet Sauvignon, Sangiovese e Nebbiolo.*

DOCES

Harmonizam com sobremesas, bolos, sequilhos, biscoitos, bolachas.

→ **Exemplos de vinhos doces:** *Vinho do Porto, Aleático de Elba, Passito, Tokaji, Sauternes.*

As **harmonizações de vinhos com a comida** não devem ser encaradas como regras rígidas a serem seguidas. São recomendações e orientações para que possamos ter uma diretriz e apreciar as melhores combinações de sabores dos alimentos e dos vinhos. Assim como "O bom vinho é aquele que sabe bem na sua boca e cabe no seu bolso", nas harmonizações você deve, logicamente, tendo como orientação as diretrizes, ter liberdade para escolher o tipo de vinho que lhe dá mais prazer beber com a comida. Eu, por exemplo, aprecio bacalhau com um bom vinho tinto português, meio corpo.

COMO DEGUSTAR

Dicas & truques

→ É sempre mais prazeroso beber vinho com uma boa companhia, um bom papo e tira-gostos adequados e apetitosos.

→ Se for beber um vinho com um só amigo, abra a melhor garrafa. Se for beber com mais de um amigo, abra a segunda melhor.

→ Nunca tente impressionar um grupo de amigos abrindo o melhor vinho. Eles não vão apreciar, nem mesmo prestar atenção. Abra o segundo ou o terceiro melhor.

→ Muitas vezes, algumas pessoas me pedem recomendação de um bom vinho. Eu sempre digo que os vinhos que bebo são estes... e digo alguns que aprecio. Mas vinho bom depende do gosto de cada um.

→ Em teste cego, degustando vários vinhos ao mesmo tempo, as chances de um vinho simples levar o prêmio são sempre muito grandes.

→ Se for abrir um vinho Reserva Especial, de guarda, deguste com tira-gostos adequados e apetitosos. O sabor do vinho está acima de tudo.

→ Em refeições, quando o sabor da comida é o principal, você pode harmonizar com um vinho simples, um varietal, econômico ou jovem.

Comemoração em família

→ Se você ficar esperando por um grande momento para abrir aquele vinho especial, saiba que abrir um vinho especial, por si só, já é um grande momento.

→ Na degustação, nas vinícolas, os guias/sommeliers descrevem os aromas dos vinhos que vão dos cítricos ao chocolate! Se você não conseguir sentir os aromas, não fique preocupado — muitas pessoas também não sentem.

→ Eu gosto de degustar um bom vinho

com pão italiano, queijos e embutidos de muito boa qualidade. Os contrastes dos sabores aumentam o prazer do vinho.

➥ Você não é obrigado a aceitar a recomendação, mas respeite sempre as opiniões do sommeliers. São profissionais que estudaram e se especializaram na cultura do vinho.

➥ Mesmo que você aprecie muito uma marca de vinho, experimente sempre outras uvas, outros vinhos.

Você expandirá seus conhecimentos.

➥ Não tenha restrições aos vinhos brasileiros. Estão hoje no mesmo nível de qualidade dos nossos vizinhos do Mercosul.

➥ Vinho bom é aquele que sabe bem na sua boca e cabe no seu bolso.

➥ Se alguém falar que sabe tudo de vinho, não acredite: o mundo do vinho é incomensurável!

Índice Remissivo

A

A Divina Comédia, 120
Abadia de Marsanne, 86
Abadia de Tournay, 65
Abouriou, 54, 75, 76
Abraham Izak Perold,
　professor de viticultura, 99
Ácido lático, 148, 149
Adega Dona Maria, 166
Ademir Brandelli, 136
África do Sul, 35, 44, 63, 72, 73, 77, 88,
　91, 97, 99, 102, 103, 106, 108, 121, 124,
　135, 138-139, 144, 148, 151, 191, 193
Aglianico, uva, 35, 128
Agregar corpo e cor [ao vinho], 76
Agregar corpo e estrutura [ao vinho], 82
Agricultor- viticultor, 132
Airén, uva, 55, 63, 71, 125
Álava, uva, 117
Alba, região, 75
Albarín Bianco, uva, 56, 67, 117
Albarín Negro, uva, 54, 56, 67, 117
Albarín Tinto, 54
Albariño, uva, 58, 125, 129
Albarola, uva, 64, 119
Albarossa, uva, 56, 78
Albillo, uva, 56
Albillo Bianca, uva, 56
Albillo Blanca del País, uva, 56
Albillo de Madrid, uva, 56
Albillo de Toro, uva, 56
Albillo Real, uva, 56
Aleante, uva, 78
Aleático, uva, 57
Aleático di Espanha, uva, 72
Aleático Passito, uva, 57
Alejandro Vigil, 136, 166
Alentejo, região, 30, 54, 59, 89, 95, 110,
　115, 129, 137, 145, 166, 175, 190, 197
Alessandria, 64, 74
Alfrocheiro, uva, 54, 129

Alfrocheiro Preto, uva, 54
Alicante, uva, 40, 63, 78, 154
Aligoté, uva, 57, 81, 102, 126
Aligoté Vert, uva, 102
Alionza, uva, 114
Alsácia – Lorena, 61, 96, 101, 121, 126
Alto Ádige, região, 62
Alvarinho, uva, 58, 113, 129, 190
Álvaro Martinho, 133, 136
Amarone, vinho, 75, 89, 102, 103, 129,
　138, 146, 205
Ancelota, uva, 124
Ancona, região, 118
André Manz, 83
André Tchelistcheff,
　produtor de vinhos, 98
Andria, 94
Aníbal, o Conquistador, 89
Ansonia, uva, 83
Ansonica, uva, 83
Apiana, uva, 77
Apianun, vinho, 77
Áquila, região, 89
Aragonês, uva, 111
Aragonez, uva, 59, 83, 89, 110,
　115, 129, 190
Arbane, uva, 56, 126
Arbane Blanche, uva, 56
Ardèche, uva, 56, 108
Arezzo, 82
Argentina, 32, 34, 44, 64, 78, 87, 95, 109,
　124, 135, 146, 159, 165, 175, 186
Arinarnoa, uva, 59, 87
Arinto, uva, 58, 60, 84, 129, 190
Armagnac, brandy (conhaque), 109
Armagnac, região, 73
Arneis, uva, 60, 127
Arratelau, uva, 119
Arruya, uva, 89
As Principais Uvas, 51
Asti, região, 64, 74, 78, 83, 90, 157

Aubon, uva, 75
Augusto, imperador romano, 80, 100
Aureliano Ascanti, escritor, 80
Auxerre, cidade, 60
Auxerrois, uva, 81, 85
Auxerrois Blanc, uva, 60, 71
Ávila, 57, 117
Avillo, uva, 99

B

Baboso Negro, 54
Bacio Noir, uva, 120
Baga, uva, 45, 61, 94, 102, 129, 139, 149, 182, 190
Baga, vinho, 205
Bairrada, região, 30-31, 61-62, 77,102, 129, 139, 167, 190
Bálcãs, região, 37, 53, 93-94
Balestra, uva, 83
Balsamina Nera, uva, 58
Barbera, uva, 61, 64, 78, 87, 124-128, 189, 192
Barbera, vinho, 205
Bardolino, vinho, 74, 75, 89, 102
Barletta, 94
Barolo e Barbaresco, 127
Baron Philippe de Rothschild, 26
Barsac, 105, 106
Bar-sur-Aube,região, 56
Bar-sur-Seine, região, 27, 99, 137, 140
Basilicata, região, 27, 99, 137, 140
Bastardo, uva, 115
Bastardo Negro, uva, 54
Beaujolais, uva, 54, 126
Beaujolais, vinho, 78, 153, 191, 204
Beaune, região, 70, 78, 99, 132, 168, 189
Bento Gonçalves, região, 32, 46, 81, 109, 140, 161-164, 173, 181
Béquignol, uva, 76
Bergerac, região, 76

Beringer Brothers, 172
Beringer Vineyards, 181
Bertille Seyve, 120
Bezinger Winery, 172
Bianca, uva, 62
Bianca Fernanda, uva, 74
Bianca Gentile, uva, 62
Bianchetta, uva, 100, 128
Bianchetta Gentile, uva, 62
Bianchetta Trevigiana, uva, 62
Biancolella, uva, 77
Bical, uva, 107, 113, 129
Bical Tinto, uva, 113
Bidure, uva, 65
Bierzo, 88
Biondi Santi, 170
Biturica, uva, 52, 53, 66
Bituricans, 52
Black Prince, uva, 73
Blanc de Pays, uva, 102
Boal, uva, 111, 117
Bobal, uva, 62
Boca da Mina, uva, 111
Bodega Campo Viejo e tour, 133, 170-171
Bodega Conde de Valdemar, 39
Bodega El Escorial, 133
Bodega La Azul, 135, 137
Bodega Sánchez de Loria, 43, 133
Bodega Torre Leones, 95, 138
Bombino Bianco, uva, 63, 82, 115, 128
Bombino Nero, uva, 63, 94, 128
Bonarda, uva, 64, 93, 124, 127, 136
Bordeaux, região, 26, 52, 64-68, 105, 126, 140, 153, 191
Bordeaux, vinho, 92
Bordeos, uva, 65
Bordo, uva, 88, 191
Borgonha, 27, 39, 57, 60, 70, 98, 126, 132, 168, 189
Bosco, uva, 56, 64, 119
Botrytis, fungo, 106, 112, 178

Índice Remissivo

Boubet, uva, 64
Bouchet, uva, 64, 65
Bourboulena, uva, 73
Bourboulenc , 127
Brachetto, uva, 64, 127
Branquinha, uva, 114
Brasil, 32, 34, 37, 44, 58, 63, 67, 75, 80,
    90, 101, 108, 113, 121, 136, 155,
    162-165, 181, 183, 186-188, 193
Breton, uva, 64
Brindisi Rossato, vinho, 107
Brunello, uva, 104, 195
Brunello, vinho, 104, 150, 154, 170
Bruno Giacosa, 60
Bucelas, região, 60
Buena Vista Winery, 158, 1729

C

Cabernet Franc, uva, 26, 32, 44,
    53, 64-68, 76, 85, 96, 124-128,
    153, 179, 191
Cabernet Sauvignon, uva, 26, 32, 44,
    53-55, 65-69, 84, 99, 109, 113, 121,
    124-129, 147, 152, 179, 182, 189, 191
Cabernet, vinho, 190, 192, 204, 205
Cabernet Sauvignon, vinho, 34, 64, 105,
    188, 192, 205
Cahors, região, 85, 109
Calabrese di Montenuovo, uva, 72, 104
Calígula, imperador, 55, 80
Callet, uva, 96
Camarouge, uva, 76
Campanha Gaúcha, região, 32, 59
Campânia, região, 55, 77
Campo Marino, vinho, 100
Canaiolo, uva, 66, 74, 105, 127
Canaiolo Nero, uva, 66
Cannonau, uva, 78
Cannonau Bianca, uva, 78
Cantina Bisol, 132

Cantina Paolo Leo, 49
Cantina Vietti, 60
Carcassone, 87
Carignan, uva, 127
Carigñan (Mazuelo), uva, 124
Cariñena, uva, 66, 125
Carménere, uva, 32, 35, 44, 45, 67,
    124-126, 165
Carménère, vinho, 34, 188, 191, 204
Caroline Meredith, enologista, 108
Carrasquín, uva, 56, 67, 117
Casablanca, região, 32
Casale, região, 83
Casillero del Diablo, 159, 165
Castel del Monte, 94
Castela e Leão, 56, 67, 88, 117
Castela, região, 55
Castelão, uva, 70, 83, 89, 115
Castelão (Periquita), 129, 190
Castelão Francês, uva, 70
Castello di Verrazzano, 171
Castiço, uva, 115
Cato, o Velho, 84
Cave Geisse, 162, 192
Cerceal, uva, 60, 70
César, uva, 70, 126
Chadonnay, 125
Châlus, uva, 75
Chambers Rosewood Winery, 81
Chambourcin, uva, 120
Champagne, 137, 139, 156, 170, 183
Champagne rosè, 140
Champagne vintage, 137
Champagne, região, 56, 71, 99, 126, 139
Chaptalização, 147-148
Chardonel, uva, 71
Chardonnay, uva, 27, 32, 41, 44, 60, 70,
    81, 96, 100, 114, 121, 124-128, 139,
    151, 190, 204
Chardonnay, vinho, 37
Chasselas, uva, 126

Chasselas de Portugal, uva, 71
Château du Clos de Vougeot, 189
Château La Nerthe, 167
Château Lafite Rothschild, 191
Château Latour, 65
Château Louise Brison, 137
Château Margaux, 26, 191
Château Mouton Rotschild, 65
Château Rigaud, 26
Châteauneuf-du-Pape, 22, 24, 75, 82, 92, 110, 168
Cheleiros, região, 83
Chenin Blanc, uva, 72, 83, 95, 124, 139, 151, 190, 204
Chile, 32, 57, 65, 79, 94-96, 110, 117, 125, 133, 146, 159, 164, 175, 186, 191
Ciliegiolo, uva, 72, 104
Cinque Terre, região, 65
Cinque Terre, vinho, 56, 64, 80, 119
Cinsanet, uva, 99
Cinsault, uva, 72, 99, 119, 124, 127
Clairette, uva, 99, 127
Clairette Blanche, uva, 73
Clarinette, uva, 127
Clos de Vougeot, 20, 99, 168, 169, 189
Cocal do Sul, região, 81
Coda di Volpe, uva, 115
Cognac, região, 73
Colleallodole Milziade Antano, 138
Colombana Nera, 86
Colombard, uva, 73, 126
Colônia, região, 33
Colorino, uva, 66, 74, 127
Companhia Real Portuguesa, 133
Concha y Toro, 159, 163
Conde Valdemar, 179
Conegliano, 56
Conese, uva, 75
Córdoba, 95
Cortese, uva, 74
Cortese Bianco, uva, 74

Cortese D'Asti, uva, 74, 127
Cortese dell'Alto, 74
Corvina, uva, 74, 75, 89, 94, 102, 129
Corvinone, uva, 74, 89, 94, 102, 129
Corvo Rosso, vinho, 93
Côt (Malbec), uva, 85, 126
Côt Noir, 85
Counoise, uva, 75, 127
Cow Noise, uva, 75
Cozzomaniello, uva, 107
Crato Preto, uva, 115
Creation Wines, 135, 138, 174
Crémant d'Alsace, espumante, 61
Crljenak Kastelanski, uva, 100
Crozes-Hermitage, região, 86, 102
Cuneo, região, 60, 64, 75

D

D. Pedro, uva, 112
Damas Noir, uva, 75
Dante Alighieri, 120
Dão, região, 30, 54, 62, 76, 88, 107, 112, 129, 190
Delphine Brulez, 137
Denis Dubourdieu, 55
Dijon, região, 70
Diomedes, uva, 94
DOC Cangas, 56, 67, 117
Dogliani, uva, 75
Dolcetto, uva, 57, 64, 75
Dolcheto, uva, 127
Domaine La Cave aux Coquillages, 139
Domaine Mercier, 170
Domaine Morize Père & Fills, 140
Domaine Siaurac, 69
Domaine Vassal, 69
Don Laurindo, 109, 132, 136, 189
Dona Fátima, uva, 83
Douro, região, 30, 59, 107, 110, 112, 115, 117, 129, 136, 167, 175, 190

Índice Remissivo

Drôme, uva, 87
Duque de Borgonha, 20
Dureze Noir, uva, 108

E

Ebling, uva, 107
Ederena, uva, 75
Edward Staniford Rogers, estudioso, 81
Eger, região, 62
Egiodola, uva, 76, 87
Ekigaina, uva, 109
El Enemigo, 136, 165, 166
Elciego, região, 117
Emilia-Romagna, região, 58, 63, 84, 115
Emilia-Romagna, uva, 114
Encruzado, uva, 76, 107
Engenheiro Agrônomo, 11, 131, 133
Engrunat, uva, 71
Enólogos, 11, 23, 35, 41, 88, 131, 134-140
Épernay, 161, 169, 170
Esgana Cão, uva, 107
Espadeiro e Murteira, uva, 115
Espanha, 13, 29, 35, 39, 54, 62, 66, 73, 81, 91, 95, 102, 111-117, 125, 134, 144, 170, 186, 197
Espumantes, 183
Estados Unidos, 26, 44, 65, 71, 85, 125, 148, 158, 172
Ezequiel Fadel, 135, 137

F

Fairview Estate, 174
Falanghina, uva, 77, 115
Falernos, vinho, 55
Família Carmene, 53, 64
Favorita, uva, 119
Fer, uva, 76
Fer Noir, uva, 76
Fer Servadou, 76, 126

Fermentação, 22, 40, 145-149, 151-153, 155-157, 178
Fermentação alcoólica, 66, 146, 148
Fermentação malolática, 148-149, 153
Fernão Pirão, uva, 77
Fernão Pires (Maria Gomes), uva, 77, 86, 129
Ferrara, região, 89
Fiano de Avelino, vinho, 77
Fiano, uva, 77, 128
Filippo Francesco Indelicato, monge, 100
Foiano, uva, 77, 128
Folle Blanche, uva, 88, 99
Formentin, uva, 105
Franca de Viseu, 54
França, 22, 24-25, 27, 35, 45, 53, 68, 126, 132, 136, 141, 151, 157, 167-169, 179, 180, 186-187, 190, 192
Francesco Milziade, 138
Francisco Fráguas, 38
Frankisc, uva, 105
Freisa, uva, 56, 78
Freisa Grossa, uva, 78
Freisa Piccolo, uva, 78
French Colombard, uva, 73
Friulano, uva, 119
Friuli-Venezia, região, 87, 100, 119
Fundação Eugênio Almeida, 166
Furmint, uva, 112
Fynes Moryson, pesquisador, 80

G

Gaeiro, uva, 77
Gaillac, região, 76
Gaillard Blanc, uva, 73
Galícia, 56-58, 67, 84, 113, 117
Gamay (Beaujolais), uva, 126
Gamay, uva, 54, 78, 85, 124, 128, 153, 182, 191

Gamay Blanc, uva, 81
Gamay du Rhône, 54
Gamay, vinho, 204
Garganega (Trebbiano),
　uva, 87, 128-129,
Garganega, uva, 40, 114
Garibaldi, região, 32, 42, 140,
　161-163, 175
Garnacha, uva, 29, 78, 82, 125, 189
Garnacha Blanca, uva, 78, 121, 125
Garnacha de Rioja, uva, 24
Gasconha, região, 73
Geórgia, região, 18, 37, 105
Gewurztraminer, uva, 79, 105, 124
Giallo, uva, 118
Gioia del Colle, região, 49, 100
Giovanni Dalmaso, viticultor, 56
Gironde, estuário, 25, 88
Girondino, uva, 83
Glera, uva, 80, 86, 100, 128, 204
Gloria Ferrer Sparkling
　Wines Cellar, 173
Goethe, uva, 32, 81
Gouais, uva, 60, 81
Gouais Blanc, uva, 57, 70, 101
Gouveio, uva, 117
Graciano, uva, 81, 154
Graziano, uva, 29, 40, 110, 125
Greca del Piemonte, uva, 82
Grechetto Bianco, uva, 82
Grechetto, uva, 82
Grechetto di Todi, uva, 82
Greco, uva, 82
Greco Bianca, uva, 82
Greco Bianco, uva, 82
Greco Gentile, uva, 82
Greco Nero, uva, 82
Grenache, uva, 24, 44, 78, 82,
　124-127, 192, 204
Grenache Blanc, uva, 78, 124
Grignolino, uva, 83, 127

Griset Blanc, uva, 57
Groot Constantia
　e Klein Constantia, 174
Groppello, uva, 87
Groppeta, uva, 115
Gruner Silvaner, uva, 107
GSM, vinho, 91
Gutedel, uva, 71

H

Harslevelu, uva, 112
Hatria, uva, 114
Heida, uva, 105
Herman Muller, enólogo, 91
Hermitage Blanc, uva, 190
Hermitage, região, 46-48

I

Ice wine, vinho, 96
II Greppo, 179
Ilha da Madeira, 70, 111, 117
Ilha de Creta, 102
Ilha de Giglio, 83
Infante Dom Henrique, 111
Inselida, uva, 83
Inzaria, uva, 83
Inzolia, uva, 83
Inzolia Toscana, uva, 83
Isera, uva, 87
Itália, 28, 35-36, 46, 55, 127-129, 132,
　144, 159, 170-174, 186, 202

J

Jacuzzi Family Winery, 173
Jaen, uva, 88
Jampal, uva, 83
Jancis Mary Robison, jornalista,
　crítica de vinhos, 113, 116

Índice Remissivo

Jean Michel Boursiquot, ampelógrafo, 69
Jean-Antoine Claude Chaptal, 147
Jean-Claude Martin, 135, 138
Jerez de la Fronteira, região, 95
João Santarém, uva, 79
Johann Wolfgang Goethe, escritor, 81
Joseph Ducos, 167
Júlio César, 55
Jura, região, 70, 105, 113

K
Kabar, uva, 112
Kakheti, região, 18, 37, 105
Klein Constantia, 139, 174
Koverszõlo, uva, 112
Krug, champanhe, 97

L
La Azul e El Enemigo, 165
La Cave aux Coquillages, 170
La Mancha, região, 55, 63
La Tache, 21
Lacônia, 86
Lacryma Christi, vinho, 115
Lambrusco, espumante, 58
Lambrusco, frisante, 64, 84, 204
Lambrusco, uva, 58, 84
Lancellotta, uva, 84
Langhe, região, 92-93
Languedocien, uva, 99
Languedoc-Roussillon, região, 72-73, 78, 187
Le Grand Rue, 21
Le Richebourg, 21
Le Romaneé, 21
Lecce, 49, 171-172
Leonardo da Vinci, 171
Les Riceys, região, 99

Ilha de Elba, 57, 127
Liebfraumilch, vinho, 101
Ligúria, 56, 64, 80, 119
Lisa Gherardini, 171
Lívia, 80, 100
Lorraine, região, 60
Loureira, uva, 84
Loureiro Bianco, uva, 84
Loures, município, 60
Lucio Leuci – Antica Casa Vinicola, 171
Luís Pato, 31, 61, 139, 167

M
Macabeo, uva, 117, 121, 125
Macerata, região, 118
Madeleine, uva, 88
Machouquet, uva, 71
Madeleine Royale, uva, 84, 191
Madiran, região, 65, 76, 109
Madrid, 37
Makurana Bianca, uva, 115
Málaga, uva, 73
Malbec, uva, 32, 44, 53, 54, 85, 124
Malbo Gentile, uva, 84
Malevizi, cidade, 86
Malolática, fermentação, 146
Malvasia, uva, 77, 115, 124-125
Malvasia Bianca di Candia, uva, 86
Malvasia Fina, uva, 69
Malvasia Nera, uva, 86, 93
Malvasia Rei, uva, 86
Malvasia Trincheira, uva, 86
Mammola Minuto, uva, 86
Mammolo, uva, 86, 127
Mammolo Tondo, uva, 86
Mammolone di Lucca, uva, 86
Mamola Asciutto, uva, 86
Manzoni Bianco, uva, 96
Manzoni Rosa, uva, 79, 114
Mar de Pedras, 22, 24, 168

Mar Tirreno, 83
Marche, região, 118
Marche, uva, 115
Marcillac, região, 76
Marco Aurélio, 81
Maria Gomes, uva, 31, 77, 86, 129
Marqués de Riscal, 117
Marsala, vinho, 83
Marsane, uva, 102, 108, 124, 127
Marseillan, cidade, 87
Marselan, uva, 87, 124
Marurana Blanca, 125
Marzemina Bianca, uva, 87
Marzemino, uva, 87, 129
Mascalese, uva, 92
Massachusetts, 81
Matt Day, 139
Maturana Tinta, 125
Mazuelo, uva, 66, 124-125
Médoc, região, 25, 191
Melon, 116
Mencía, uva, 77, 88
Mendocino, uva, 112
Mendoza, região, 32, 44, 46, 96, 135-138, 165, 175, 189
Menotti Schiavoni, 100
Mer de Pierres (Mar de Pedras), 24, 168
Merlot, uva, 25, 32, 64, 68, 88, 124-129, 153-154, 179, 191, 204
Merlot Blanc, 88
Meslier, uva, 55
Meunier, uva, 27, 97, 123, 126
Michel Aimé Pouget, agrônomo, 32, 85
Minho, região, 58, 84, 112
Minutolo, uva, 77
Mistral, vento, 24, 82, 121
Módena, 58, 84
Moet & Chandon, 99, 169
Molinara, uva, 89, 102, 129
Mona Lisa, 171
Monção, região, 58, 60

Mondeuse, uva, 123
Mondeuse Noire, uva, 92, 108
Monemvasia, 86
Monferrato, região, 56, 61, 64, 75, 78, 83
Monte da Ravasqueira, 166
Montepulciano D' Abruzzo, uva, 89, 104
Montepulciano, região, 104-105, 127-128
Montevidéu, 33, 175
Montgueux, região, 99
Moreto, uva, 89
Moreto do Dão, uva, 89
Morize Guy, 140
Morize Pére & Fils, 140
Morize Pére, produtor, 99
Morro da Fumaça, região, 81
Mortágua, uva, 115
Mortágua Preto, uva, 113
Moscatel, uva, 90
Moscato, uva, 41, 57, 90, 124-129, 181
Moscato D'Asti, uva, 64
Moscato di Asti, uva, 90
Moscato di Triani, uva, 90
Moscato Giallo, uva, 90
Mosto, 145-148
Mourisco Tinto, uva, 113
Mourvèdre, uva, 37, 91, 127
Moustardier, uva, 75
Moustron, uva, 109
Mouton Rothschild, vinho, 25, 65
Muller-Thurgau, uva, 85, 91, 101, 107
Múrcia, região, 55
Murgia, região, 107
Murviedro, região, 91
Muscadelle, uva, 92, 106, 112
Muscadelle Blanc, 126
Muscader, uva, 108
Muscadine, vinho, 80
Muscardin, uva, 92, 127
Muscat, uva, 90, 126
Muscat Blanc, uva, 112
Muscat Hamburg, uva, 81

Índice Remissivo

N
Napoleão Bonaparte, 57, 148, 169, 174
Nápoles, 55, 115
Navarra, região, 78, 82
Navarra, uva, 78
Nebbiolo, uva, 28, 36, 41, 44-45, 78, 92, 124, 127, 152, 182, 193
Nebbiolo Rosato, uva, 83
Nebbiolo, vinho, 60, 154, 190, 192-193, 205
Negra Mole, uva, 70, 76, 111
Negramoll, uva, 111
Negrette, uva, 85
Negroamaro, uva, 93, 94, 103, 128, 149, 152, 172, 182
Negroamaro, vinho, 154, 192
Nerello Cappuccio, uva, 93
Nero D'Avola, 125
Nero di Troia, uva, 128, 149
Novello, uva, 128

O
Occitane, região, 53, 64, 72, 85, 105, 109
Ogliastra, uva, 79
Ópera Don Giovanni, 87
Orches, região, 132, 141, 189
Oseleta, uva, 94, 129
Ottavianello, uva, 107
Oureiro, uva, 84, 129
Ovada, região, 75

P
Padeiro, uva, 112
Padeiro – Tinta Cão, uva, 129
Padeiro de Basto, uva, 112
Palomino Fino, uva, 116
Paololeo, 172
Papa Gregório XII, 119
Parellada, 121
Parma, cidade, 84
Patrice Legrand, 139
Paul Truel, ampelógrofo, 87
Pedras Grandes, região, 81
Pedro Ximénez, uva, 95
Pedúnculo Rosso, uva, 87
Peloursin, uva, 108
Perera, uva, 100, 128
Periquita, uva, 70, 129, 190
Perúgia, região, 82
Peso do Mosto, 145
Petit Verdot, uva, 59, 96, 124, 126
Petite Sirah, uva, 108
Petrus de Pomerol, vinho, 25
Petrus, vinho, 191
Pical, uva, 99
Piemonte, Barolo, Barbaresco, Roero, regiões da Itália, 127
Piemonte, regiões, 28, 60, 64
Pieter Siemens, 95
Pigato, uva, 119
Pignolo Bianco, uva, 62
Pinot Bianco, uva, 96, 128, 129
Pinot Blanc, uva, 27, 56, 97, 124
Pinot de Juillet, 126
Pinot de La Loire, uva, 72
Pinot Grigio, uva, 97, 128, 129, 148
Pinot Gris, uva, 97, 102, 126, 148
Pinot Meunier, uva, 97
Pinot Nero, 129
Pinot Noir de Troyes, uva, 99
Pinot Noir, uva, 20, 27, 32, 41, 57, 97, 98, 124-126, 140, 154, 179, 189
Pinot Noir, vinho, 138, 204
Pinotage, uva, 124, 124
Pinto Bandeira, região, 32, 46, 162-163, 175, 192
Piquepoul, uva, 99, 107
Piquepoul Blanc, uva, 73
Pirineus, região, 53, 65, 85, 109
Plant de Fer, uva, 76

Plant Gris, uva, 57
Plant Précoce, uva, 54
Plantet, uva, 120
Plinio Pizzato, 140
Plínio, o Velho, 52, 100, 114
Pollera Nera, uva, 86
Pomerol, região, 26, 96, 191
Porciúnculo Bianco, uva, 82
Portugal, 30-31, 35, 44, 113, 129-139, 145, 155, 166-167, 175, 197
Précoce Naugé, viticultor, 54
Précoce Noir, uva, 54
Primaticcio, uva, 100
Primitivo, uva, 100, 121, 128, 192, 193
Primitivo, vinho, 154, 191, 204
Principado de Astúrias, 56, 67, 117
Procanico (Trebbiano), uva, 100, 114, 128
Procanico, uva, 100, 114, 128
Prosecco, uva, 80
Prosecco, vinho, 62
Provence, Châteauneuf-du-Pape, região, 24, 73, 102, 127
Provence, Tain l'Ermitage/Tournon, regiões, 127
Prugnolo Gentile, uva, 104-105
Puccino, uva, 80
Puccinum, uva, 80
Puglia, região, 28, 41, 48, 55, 61, 94, 100, 107, 128, 154, 171-172, 180
Pugnola, uva, 92
Puledro, uva, 107
Punta del Este, região, 33
PX, uva, 95

Q

Quercy, região, 109
Quinta das Carvalhas – Real Companhia Velha, 133, 167
Quinta do Crasto, 30
Quinta do Seixo – Sogrape – Casa Ferreirinha, 167

R

Ramandolo, uva, 119
Ravat Blanc, uva, 71
Recioto, vinho, 74, 75, 89, 95, 102-103, 118
Redondo, região, 89
Refosco dal Peduncolo Rosso, uva, 100
Reggio Emilia, região, 84
Reguengos, região, 89, 137
Reims, região, 27, 97
Ribeira Sacra, região, 88
Ribera del Duero, região vinícola, 55, 56, 110, 123, 155
Riesling, uva, 61, 91, 100-101, 124-129
Rio das Pedras, região, 32
Rio Dordogne, 26
Rio Garonne, 25
Rioja Alta, região, 57
Rioja, região, 29, 39, 55, 76, 81, 123, 133, 138, 154, 170
Rioja, Ribeira del Duero e Rueda, regiões da Espanha, 125
Riojano, uva, 112, 113
Riojo, uva, 111
Rissling, uva, 101
Ritzling, riacho, 101
Rocault François et Blandine, 132
Roero, região, 75, 92, 127
Rolle, uva, 119
Romanée-Conti, 169
Rondinella, uva, 74, 102
Rosetta, uva, 83
Rossola, uva, 93
Roter Traminer, uva, 106
Rousanne, uva, 86
Roussanne, uva, 102, 123
Rueda, região, 116, 144, 148

Índice Remissivo

Rueda Dorado, vinho, 116
Rulander, uva, 97
Russiling, uva, 101

S

Sabini di Altamura, condessa, 100
Sacy, uva, 81, 102, 126
Sagrantino, uva, 41, 44, 45, 61, 102, 128
Sagrantino, vinho, 138, 146, 150, 154, 159, 180, 205
Saint Joseph, região, 86, 102
Saint Vivant, 20
Saint-Émilion, região, 25, 106, 191
Saint-François, uva, 73
Salem, 81
Salgueirinho, uva, 76
Salto, no Uruguai, 109
San Gimignano, região, 62, 120
San Michele all'Ádige, vila, 87
Sánchez de Loria, bodega, 133
Sangiovese, uva, 44, 55, 58, 104, 124-127
Sangiovese, vinho, 189, 192, 193, 203
Sanjuanino, uva, 112
Santa Cruz, região, 164
Santiago, 32, 68, 163, 173
São Joaquim, região, 32
Saône-et-Loire, região, 58
Saperavi, uva, 105
Sardenha, 63, 66, 83, 93, 119, 120
Saumances, uva, 76
Sauternes, vinho, 92, 105, 106, 178, 205
Sauvignon Blanc, uva, 41, 71, 105, 106, 124-129, 139, 151, 193, 204
Savagnin, uva, 72, 105
Savagnin Blanc, uva, 79
Savagnin Rosé, uva, 41, 106, 126
Schiava, uva, 81
Segóvia, 117
Seibel, uva, 71
Semilão, uva, 106

Sémillon, uva, 41, 92, 106, 124, 126, 140, 190
Sémillon, vinho, 37, 106, 140
Sena, região, 82
Sercial, uva, 107, 111, 129
Setúbal, região, 70, 115, 190
Seyval Blanc, uva, 71
Shiraz, uva, 108
Sicília, 56, 83, 93, 108
Silvaner, uva, 101, 107, 151
Soria, uva, 83
Steen, uva, 72
Stellenbosch, região, 99
Stone Sea, 24
Super Toscanos, 128
Susumaniello, uva, 107
Sylvaner, uva, 126
Syrah, uva, 108-110, 114, 121, 124-129, 152
Syrah Blanc, uva, 114
Syrah, vinho, 192, 203

T

Tain l'Hermitage, região, 46, 48, 82, 86, 108, 127
Tannat, uva, 33, 53, 59, 61, 108-109, 124, 129, 149, 152, 182
Tannat, vinho, 34, 37, 136, 188, 189, 192, 203
Tempranillo, uva, 29, 44, 59, 110, 111, 124, 190, 192
Tempranillo Blanca, 125
Terni, região, 82
Teroldego, uva, 87, 124
Terra Nostra, 170
Terrano, região, 89
Terrano, uva, 100
Terret Blanc, uva, 110
Terret Bourret, uva, 110

Terret du Pays, 110
Terret Gris, uva, 110
Terret Noir, uva, 110, 127
Tibério, 80
Tinta Amarela, uva, 113, 115
Tinta Barroca, uva, 111, 129
Tinta Bastardinha, 54
Tinta de Alter, uva, 89
Tinta de França, uva, 111
Tinta de Toro, uva, 110-111
Tinta del País, uva, 110
Tinta do Padre Antônio, uva, 82
Tinta Francesa, uva, 111
Tinta Francisca, uva, 111
Tinta Madeira, uva, 76
Tinta Miúda, uva, 82
Tinta Negra, uva, 70, 111, 117
Tinta Roriz, uva, 59, 111, 190
Tinto Cão – Padeiro, uva, 112, 129
Tinto del País, uva, 111
Tinto Fino, uva, 111
Tinto Matias, uva, 112
Tocai Rosso, uva, 78
Tokaji, uva, 112
Tokaji, vinho, 112, 148, 178, 205
Tommasino Lancelloti, família, 58
Topaque, vinho, 92
Torrontés, uva, 112, 124
Torrontés, vinho, 138
Tortona, região, 74
Toscana, região, 72, 85, 86, 127, 170
Touriga Antigo, uva, 113
Touriga do Dão, uva, 113
Touriga Fina, uva, 113
Touriga Franca, uva, 111, 113
Touriga Nacional, uva, 83, 113
Touriga Portugal, uva, 113
Tourigão, uva, 113
Tour-non-sur-Rhône, região, 82
Tragadeira, uva, 113

Trajadura, uva, 113
Tramin, vila, 79
Traminer, uva, 79, 105, 106
Trebbiano, uva, 114, 115, 120, 124-129
Treixadura, uva, 113
Trentino, região, 62, 87
Tresalier, uva, 102
Tressalier, uva, 102
Trevigiana, uva, 62, 100
Treviso, região, 62
Tribidrag, uva, 100, 121
Trieste, cidade, 80
Trinca Dente, uva, 113
Trincadeira, uva, 89, 113
Trincadeira (Tinta Amarela), 113, 115, 129
Trincadeira Preta, uva, 115
Troia, 87
Trousseau, uva, 115
Trousseau Gris, uva, 115
Trousseau Noir, uva, 115
Troyes, região, 27, 99, 126, 137, 140, 192
Turruntés, uva, 125
Tursan Noir, uva, 109

U

Ugni Blanc (Trebbiano), 126
Ugni Blanc, uva, 40, 73, 114
Úmbria, 41, 61, 72, 74, 103, 114, 128, 138, 146, 150, 159, 180
Uruguai, 32-34, 44, 58, 109, 129, 146, 159, 175, 182, 188
Urussanga, região, 32, 81
Utiel-Requena, região, 62
Uva Canina, uva, 66
Uva dei Cani, uva, 55
Uva di San Marino, uva, 82
Uva Nera Zingarello, uva, 107

Índice Remissivo

V

Vacaria, região, 32
Vaccarese, uva, 127
Valdeorras, região, 88
Valdichiana, região, 82
Valdo, uva, 128
Valdobbiadene, região, 132, 161
Vale de Chiara, 82
Vale de Maipo, 69
Vale de Napa, 26, 65, 78, 110,
   172, 181, 191
Vale de Uco, na Argentina,
   32, 64, 135, 137, 165
Vale do Loire, 64, 78, 97
Vale do Rio Aconcágua, 32, 133
Vale do Rio Maipo, no Chile, 32, 164-166
Vale do Sonoma, 26
Vale dos Vinhedos, região,
   32, 34-35, 37, 44-45, 58-59, 109, 132,
   140, 146, 162, 189, 191
Valência, região, 62
Valentino Nero, uva, 75
Valpolicella,
   região, 48, 94, 129, 138, 146
Valpolicella, vinho, 74, 94, 102, 191, 204
Vêneto, 48, 56, 80, 129, 132, 138,
   144, 178, 180
Vêneto – Prosecco, 128
Verbesino, uva, 83
Verdeca, uva, 115, 119, 128
Verdejo, uva, 116, 125
Verdejo Negro, uva, 67, 117
Verdelho, uva, 111, 117, 124, 128-129
Verdella, uva, 82
Verdello Rubio, uva, 113
Verdicchio, uva, 115, 118, 128
Verdisco, uva, 115
Verdiso, uva, 119, 127-129
Verdone, uva, 118
Verduzzo, uva, 119
Verduzzo Friulano, uva, 119

Vermentino, uva, 64, 118, 119,
Vermentino di Gallura, 119
Vernaccia, uva, 78, 120
Vernaccia (San Giminiano), 67, 127
Vernaccia, vinho, 78
Vernatxa, uva, 78
Verron, uva, 76
Verzaro, uva, 118
Victor Villard, 120
Vidure, uva, 67
Vignamaggio –
   Castelo da Mona Lisa, 171
Vila Vosne-Romanée, 168
Villard, uva, 120
Villard Blanc, uva, 120
Villard Noir, uva, 120
Vilmar Bettú, 93, 140
Viñã Carmen, 69, 164, 165
Viña Montes, 164
Viña Santa Rita, 34
Viñã Undurraga, 165
Vinho laranja, 40, 97, 148
Vinícola Peterlongo, 163
Vinícola Pizzato, 106, 140, 188
Vinícola Salton, 163
Vino Apianun, vinho, 77
Vino de Calidad de Cangas, 67
Vino Santo, vinho, 82
Viognier, uva, 105, 121, 124-127
Vitis labruscas, 36-37, 179
Vitis viníferas, 36-37, 179
Viu Manent, 164
Viúra (Macabeo), 121
Vizcaya, região, 57
Vulcão Etna, 96
Vulcão Vesúvio, 115

W

Waterford Estate, 175, 193
Wolfgang Amadeus Mozart, 87, 112

X

Xarel-lo, uva, 121
Xeres, uva, 82
Xerez, vinho licoroso, 95

Y

Yellow Muscat, uva, 90
Yellow Tail, vinho, 159, 197

Z

Zagarese, uva, 100
Zéta, uva, 112
Zinfandel, uva, 100, 121, 125
Zinfandel, vinho, 26, 191
Zolia Bianca, uva, 83
Zuzomaniello, uva, 107

Dados de Catalogação na Publicação

©2023 M.Books do Brasil Editora Ltda.

Direção de arte: Carmen Fukunari
Assistente de arte: Clarice Fukunari
Mapas: Clarice Fukunari
Ilustrações: iStock
Tratamento fotográfico: Carlos Pedretti
Produção editorial: Gisélia Costa

Design da capa: Isadora Mira
Ilustrações da capa: iStock
Imagens: as fotos sem crédito
são do acervo do autor

M.Books do Brasil Editora Ltda.
Todos os direitos reservados.
Proibida a reprodução total ou parcial.
Os infratores serão punidos na forma da lei.

Dados Internacionais de Catalogação na Publicação (CIP)
(Câmara Brasileira do Livro, SP, Brasil)

Assumpção Filho, Milton Mira de
  Uvas, vinhos, história / Milton Mira de Assumpção Filho. -- São Paulo : M. Books, 2023.

  ISBN 978-65-5800-111-9

  1. Uvas 2. Vinhos e vinificação 3. Viticultura I. Título.

22-123920   CDD-641.22

Índices para catálogo sistemático:

1. Vinhos : Alimentos e bebidas   641.22

Cibele Maria Dias - Bibliotecária - CRB-8/9427

Conheça e compre outros livros relacionados

VIAGENS VINHOS HISTÓRIA VOL. I

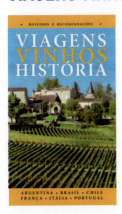

Este é um guia de viagens para regiões vinícolas de várias partes do mundo, incluindo dicas e informações para os amantes do vinho.
INCLUI: ARGENTINA, BRASIL, CHILE, FRANÇA, ITÁLIA E PORTUGAL

VIAGENS VINHOS HISTÓRIA VOL. II

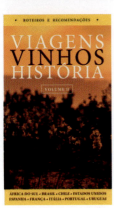

Em cada nova região vinícola visitada, surgiram novos conhecimentos além do enorme prazer de degustar ótimos vinhos.
INCLUI: ÁFRICA DO SUL, BRASIL, CHILE, ESTADOS UNIDOS, ESPANHA, FRANÇA, ITÁLIA, PORTUGAL E URUGUAI